D1730420

Table des matières

Préface — 1

Chapitre 1 — 3

Ikigai : Plus Qu'un Mot Imprononçable — 4

Petite Histoire d'un Grand Secret Japonais — 6

Ikigai, Hygge, et Tutti Quanti : Qui Gagne ? — 8

Démystifier l'Ikigai : Spoiler, Ce n'est Pas une Soupe ! — 10

L'Ikigai : Votre Nouveau Meilleur Ami — 12

Chapitre 2 — 14

Speed Dating avec Vos Passions — 15

Talents Cachés : La Chasse au Trésor Intérieure — 17

Passion + Travail = Ikigai ou Comment Arrêter de Travailler — 19

Les Montagnes Russes de la Découverte de Soi — 21

L'Ikigai pour les Nuls (et les Autres aussi !) — 24

Chapitre 3 — 26

L'Ikigai : Votre Alarme Bonheur — 27

Stress, Laisse Tomber, l'Ikigai Gère ! — 29

Gratitude : La Rébellion Positive — 31

Trouver la Joie dans une Tasse de Thé 33

L'Ikigai : L'Art de Danser Sous la Pluie 35

Chapitre 4 37

L'Ikigai dit : "Fixe-toi des Étoiles, Pas des Limites !" 38

Changement : Moins Effrayant que le Dernier Épisode de votre Série Préférée 40

L'Ikigai : Votre Coach Perso pour la Réussite 42

La Tortue et l'Ikigai : Une Histoire de Persévérance 45

Célébrer le Succès : Ikigai Style ! 47

Chapitre 5 49

Ikigai Fitness : le Sport, mais en Mieux 50

Relaxation, Méditation et Autres Vacances Mentales 52

L'Ikigai, Secret de la Jeunesse Éternelle 54

Le Yin et le Yang de Votre Ikigai 56

Trouver son Rythme : Ikigai et l'Art du Bien-être 58

Chapitre 6 60

L'Ikigai et les Amis : Plus On est de Fous, Plus On Rit 61

Trouver son Ikigai en Famille : Mission Possible 64

Ikigai au Travail : Qui a Dit que le Bureau était Ennuyeux ? 66

Créer des Liens qui Comptent : l'Ikigai et le Réseau Social (le Vrai !) 68

Entraide et Ikigai : Ensemble, C'est Mieux 71

Chapitre 7 73

Ikigai : Évolution Permanente, Ennui Interdit 74

Devenez l'Ambassadeur de l'Ikigai 76

Ikigai Mentor : Transmettez le Flambeau 78

Communauté Ikigai : Bien Plus qu'un Club de Lecture   80

L'Ikigai et son Impact sur le Monde : Soyez le Changement   82

Chapitre 8   84

Votre Ikigai, Votre Boussole pour l'Avenir   85

L'Ikigai en Mode Caméléon : Adaptation 101   87

Penser Grand, Grâce à l'Ikigai   89

L'Ikigai : Héritage et Légende Personnelle   91

L'Ikigai, Votre Compagnon de Route pour l'Infini et Au-delà   93

Épilogue   95

Préface

Chers lecteurs, vous tenez entre vos mains un livre qui n'est pas seulement un guide, mais un compagnon de voyage dans la quête de la joie et du sens. "Bienvenue dans la Joie de l'Ikigai" est une invitation à explorer un concept ancestral, un trésor japonais qui a le pouvoir de transformer des vies. En lisant ces pages, vous allez découvrir bien plus qu'une philosophie ; vous allez rencontrer une façon de vivre.

L'Ikigai, souvent mystifié, est ici démystifié et rendu accessible à tous. Ce livre est conçu comme un chemin sinueux à travers les différents aspects de votre vie, où chaque chapitre ouvre une porte vers une meilleure compréhension de soi et de ce qui donne véritablement du sens à notre existence. À travers les différentes sections, vous allez apprendre à vous connaître, à identifier vos passions, à reconnaître vos talents, et surtout, à comprendre comment aligner votre quotidien avec vos aspirations profondes.

Mais ce livre n'est pas un simple manuel, c'est une conversation. Je m'adresse à vous, lecteur, comme à un ami de longue date. Vous trouverez dans ces pages des histoires, des exemples, des réflexions, des questionnements, mais surtout, une écoute attentive de vos aspirations. Je vous invite à ne pas seulement lire, mais à interagir avec ce livre, à prendre des notes, à réfléchir sur vos propres expériences, et à mettre en pratique les enseignements de l'Ikigai.

En ces temps où la quête de sens devient de plus en plus pressante, l'Ikigai apparaît comme une boussole, un guide qui nous aide à naviguer dans la complexité de nos vies modernes. C'est une réponse à la question universelle : "Comment vivre une vie pleine et heureuse ?"

Embarquez dans ce voyage extraordinaire, laissez-vous guider par l'Ikigai, et découvrez comment ce concept millénaire peut vous aider à trouver joie, équilibre et satisfaction dans votre vie quotidienne. La route vers le bonheur et l'épanouissement personnel est devant vous. Êtes-vous prêt à la parcourir ?

Paul Brémond

Chapitre 1

Ikigai : Plus Qu'un Mot Imprononçable

Ikigai. Ce terme, étrange et exotique, est bien plus qu'une simple curiosité linguistique. Originaire du Japon, il représente un concept profond, une philosophie de vie, qui se cache derrière ces quatre syllabes. L'ikigai est l'intersection entre ce que l'on aime, ce pour quoi l'on est doué, ce dont le monde a besoin et ce pour lequel on peut être payé. Imaginez un diagramme de Venn où ces quatre aspects se rencontrent en son centre, créant ainsi un espace de bonheur et d'accomplissement.

Mais qu'est-ce qui rend l'ikigai si spécial et distinctif ? Pour commencer, il s'éloigne de l'idée occidentale traditionnelle de la quête de bonheur, qui est souvent associée à des réalisations matérielles ou à des moments éphémères de plaisir. Au contraire, l'ikigai se concentre sur une satisfaction profonde et durable, un sentiment d'être pleinement engagé dans ce que l'on fait, chaque jour.

Prenons l'exemple de la calligraphie japonaise, une forme d'art qui nécessite à la fois talent, pratique et passion. Un calligraphe trouve son ikigai en créant une œuvre qui non seulement l'épanouit personnellement mais apporte aussi de la beauté et de l'inspiration aux autres. C'est une quête qui transcende la simple recherche de gains matériels ou de reconnaissance sociale. C'est une fusion entre le faire et l'être, où l'activité elle-même devient la récompense.

En effet, dans la culture japonaise, l'ikigai n'est pas juste une théorie ; c'est une pratique quotidienne. Elle se trouve dans les petites choses, comme préparer un repas avec soin ou cultiver son jardin. Chaque action, si modeste soit-elle, est une expression de l'ikigai, un pas vers une vie plus épanouie et significative.

L'ikigai n'est donc pas un but à atteindre ou une destination lointaine. C'est un voyage, un processus dynamique qui évolue avec vous. Votre ikigai d'aujourd'hui peut ne pas être le même que celui de demain, et c'est parfaitement normal. Comme un fleuve, il change et s'adapte, reflétant qui vous êtes à chaque moment de votre vie.

En vous engageant dans ce voyage à la découverte de votre propre ikigai, vous vous posez peut-être la question : comment puis-je trouver mon ikigai personnel ?

Petite Histoire d'un Grand Secret Japonais

L'ikigai, cette philosophie de vie fascinante, est enracinée dans l'histoire et la culture japonaises. Elle trouve ses origines dans les îles d'Okinawa, reconnues pour leur nombre impressionnant de centenaires. Ce n'est pas seulement un hasard géographique, mais une manifestation culturelle de la façon dont les habitants intègrent l'ikigai dans leur vie quotidienne.

Au cœur de ce concept se trouve l'idée de trouver un but dans chaque action, grand ou petit. Il s'agit de rechercher un équilibre entre les besoins personnels et les attentes de la société. Cette quête d'harmonie est profondément ancrée dans le shintoïsme, la religion indigène du Japon, où l'appréciation et le respect de la nature et des êtres sont essentiels.

L'histoire de l'ikigai n'est pas celle d'une découverte soudaine, mais plutôt d'une évolution lente et continue. Pensez à l'art du bonsaï, où chaque petite coupe et ajustement contribue à la forme finale de l'arbre. De la même façon, l'ikigai s'est développé au fil des siècles, façonné par les influences culturelles, sociales et individuelles.

Dans les années 1960, l'ikigai a commencé à gagner en

popularité en dehors du Japon, souvent comparé à d'autres concepts de bien-être tels que le hygge danois ou le lagom suédois. Cependant, ce qui distingue l'ikigai, c'est son accent sur l'alignement de l'individu avec les besoins plus larges de la société. Cela reflète l'importance de la communauté et de la connexion dans la culture japonaise.

Des chercheurs ont étudié l'impact de l'ikigai sur la longévité et la qualité de vie. Ils ont découvert que ceux qui pratiquent l'ikigai tendent à vivre plus longtemps, sont moins susceptibles de souffrir de maladies cardiaques et ont un sens plus aigu du bonheur et de la satisfaction. Ce n'est pas seulement un effet placebo culturel, mais une réalité mesurable et bénéfique.

L'ikigai n'est donc pas un simple concept exotique ; c'est une invitation à réfléchir sur notre propre vie. Comment trouvons-nous un sens dans nos actions quotidiennes ? Comment nos passions et nos talents peuvent-ils servir les autres et contribuer à un bien plus grand ?

En envisageant ces questions, on peut se demander si l'ikigai est applicable dans des contextes culturels différents de celui du Japon. Peut-être la réponse réside-t-elle dans la manière dont nous intégrons nos propres traditions et valeurs dans la recherche de notre ikigai personnel.

Ikigai, Hygge, et Tutti Quanti : Qui Gagne ?

Dans le monde contemporain, l'ikigai japonais, le hygge danois, et d'autres concepts de bien-être culturels sont devenus très populaires. Chacun de ces philosophies offre une perspective unique sur le bonheur et la satisfaction dans la vie. Mais est-il juste de les mettre en compétition ? Peut-être pas, car chacun a quelque chose d'unique à offrir.

Le hygge, par exemple, se concentre sur le confort, la convivialité et le plaisir des choses simples. Imaginez-vous blotti dans un fauteuil douillet, avec un livre captivant et une tasse de thé chaud. C'est le hygge. Il s'agit de trouver du bonheur dans les moments paisibles et de créer une atmosphère chaleureuse chez soi.

En comparaison, l'ikigai est plus axé sur la découverte et l'accomplissement de son but dans la vie. Il ne s'agit pas seulement de confort immédiat, mais de trouver une raison d'être qui nous motive chaque jour. Si le hygge est le confort d'une soirée tranquille, l'ikigai est l'énergie du matin qui nous pousse à nous lever et à faire ce que nous aimons.

Il y a aussi d'autres concepts, comme le lagom suédois qui prône l'équilibre et la modération, ou le wabi-sabi japonais qui trouve de la beauté dans l'imperfection. Chaque culture apporte sa propre couleur à la palette du bien-être.

Au lieu de se demander lequel de ces concepts est le meilleur, il serait plus enrichissant de voir comment ils peuvent se compléter. Imaginez un mode de vie où l'on peut trouver un équilibre entre le bonheur simple du hygge, la satisfaction profonde de l'ikigai, et l'harmonie du lagom. C'est comme composer un repas avec des ingrédients variés : chaque élément apporte sa propre saveur, créant une expérience culinaire riche et diversifiée.

En fin de compte, la vraie question n'est pas de savoir quel concept est supérieur, mais comment chacun peut enrichir notre vie. Peut-être l'ikigai nous guide-t-il dans notre choix de carrière, tandis que le hygge nous enseigne à apprécier les moments de détente et le lagom à trouver un équilibre dans nos routines quotidiennes.

En explorant ces différentes philosophies, vous pourriez vous demander comment intégrer des éléments de l'ikigai, du hygge, et d'autres dans votre vie quotidienne pour créer un mélange personnel de bien-être et de satisfaction.

Démystifier l'Ikigai : Spoiler, Ce n'est Pas une Soupe !

L'ikigai est souvent enveloppé dans un voile de mystère et d'exotisme, perçu comme un concept lointain et inaccessible. Pourtant, démystifier l'ikigai révèle qu'il est bien plus pratique et proche de nous qu'on ne le pense. Loin d'être une recette secrète ou une formule magique, l'ikigai est un chemin vers une vie plus équilibrée et satisfaisante, accessible à tous.

Le premier pas pour démystifier l'ikigai est de comprendre qu'il ne s'agit pas d'une quête unique ou d'un sommet à atteindre. Contrairement à ce que certains pourraient penser, trouver son ikigai ne signifie pas nécessairement opérer un changement radical de vie. Il s'agit plutôt de reconnaître et d'embrasser les petites joies et les passions qui donnent du sens à notre quotidien.

L'ikigai se trouve souvent dans les activités que nous pratiquons naturellement, celles qui nous rendent heureux sans effort apparent. Pour une personne, cela peut être la peinture, pour une autre, la cuisine ou même la résolution de problèmes complexes au travail. L'essence de l'ikigai réside dans la manière dont ces activités répondent à nos besoins intérieurs et contribuent à notre bien-être global.

Un autre aspect crucial de l'ikigai est l'équilibre.

Contrairement à l'image de réussite individuelle souvent véhiculée dans les sociétés occidentales, l'ikigai intègre un sens de la communauté et de la contribution au bien-être collectif. Il ne s'agit pas seulement de trouver ce qui nous rend heureux, mais aussi de comprendre comment nos actions peuvent avoir un impact positif sur les autres.

En outre, l'ikigai n'est pas statique ; il évolue avec le temps. Ce qui nous apporte de la joie et du sens à un moment de notre vie peut changer. L'ikigai est donc un compagnon de voyage dans notre quête personnelle de croissance et de découverte, nous guidant à travers les différentes étapes et défis de la vie.

Enfin, l'ikigai n'est pas exclusif à la culture japonaise. Bien qu'il prenne racine dans des principes spécifiques à cette culture, le concept peut être adapté et adopté par des individus de tous horizons. L'important est de se connecter avec ses propres valeurs, passions et talents, et de trouver un moyen de les aligner avec les besoins du monde qui nous entoure.

Alors, comment pouvez-vous commencer à intégrer l'ikigai dans votre propre vie ? Peut-être que la première étape est simplement de prendre un moment pour réfléchir à ce qui vous rend vraiment heureux et comment cela s'aligne avec votre contribution au monde.

L'Ikigai : Votre Nouveau Meilleur Ami

L'ikigai, plus qu'une simple notion, peut devenir un véritable compagnon de vie, un guide pour naviguer dans le monde complexe et souvent chaotique dans lequel nous vivons. L'adopter dans votre vie, c'est comme se faire un nouvel ami qui vous connaît intimement et vous aide à découvrir votre chemin unique.

Imaginez l'ikigai comme un ami sage et attentionné qui vous encourage à explorer ce qui vous rend unique. Il vous pousse à poser des questions profondes : Qu'est-ce qui me passionne vraiment ? Quelles sont mes compétences naturelles ? Comment puis-je contribuer au monde d'une manière significative ? Et surtout, comment puis-je gagner ma vie en faisant ce que j'aime ? Ce sont des questions essentielles que l'ikigai vous aide à explorer et à répondre.

Ce nouvel ami ne vous juge pas ; il vous offre plutôt un espace pour réfléchir et grandir. Par exemple, si vous aimez la peinture, l'ikigai ne vous suggère pas de devenir immédiatement un artiste célèbre. Au contraire, il vous encourage à intégrer cette passion dans votre vie quotidienne, que ce soit en peignant le week-end ou en décorant votre espace de travail. Il s'agit de trouver de la joie et du sens dans les activités que vous aimez, peu importe leur échelle.

L'ikigai est également un ami pratique. Il ne vous emmène pas dans un monde de rêves irréalistes, mais vous aide à aligner vos passions avec les réalités du monde. Il reconnaît que le bonheur et la satisfaction ne viennent pas seulement de ce que nous aimons faire, mais aussi de la reconnaissance de notre contribution à la société et de la capacité à vivre de ces passions.

De plus, comme tout bon ami, l'ikigai évolue avec vous. Vos passions et aspirations peuvent changer au fil du temps, et l'ikigai s'adapte à ces changements. Il vous accompagne à chaque étape de votre vie, vous aidant à redéfinir et à redécouvrir ce qui vous rend véritablement heureux et épanoui.

L'ikigai n'est pas un concept éphémère ou une mode passagère. C'est un ami pour la vie, qui vous guide à travers les hauts et les bas, vous aide à trouver un sens dans les moments difficiles et célèbre avec vous vos succès.

En cultivant cette amitié avec l'ikigai, vous pourriez vous demander comment il peut influencer votre quotidien. Comment l'ikigai peut-il transformer votre routine matinale, votre environnement de travail, ou même vos relations ?

Chapitre 2

Speed Dating avec Vos Passions

Dans la quête de l'ikigai, la première étape est souvent de redécouvrir et de reconnaître ses passions. Ce processus peut s'apparenter à un "speed dating" avec soi-même, une série de rencontres rapides et intenses avec vos propres intérêts, désirs, et aspirations. C'est une aventure exaltante à la découverte de ce qui fait vibrer votre cœur.

Commencez par vous poser des questions introspectives. Qu'aimiez-vous faire quand vous étiez enfant ? Quelles activités vous absorbent au point de perdre la notion du temps ? Ces questions simples peuvent révéler des passions enfouies ou négligées au fil des ans. Souvent, nous mettons de côté des intérêts jugés non pratiques ou non rentables, mais ils sont des indices précieux pour trouver votre ikigai.

L'exploration de vos passions peut également vous amener à tester de nouvelles activités. Peut-être avez-vous toujours voulu apprendre à jouer d'un instrument, à peindre, ou à coder. Donnez-vous la permission d'essayer, même si vous n'êtes pas immédiatement doué dans ces domaines. L'ikigai ne se trouve pas dans la perfection, mais dans la joie et l'épanouissement que procurent ces activités.

Pensez également à vos lectures, films, ou sujets de conversation favoris. Ceux-ci peuvent être des fenêtres ouvertes sur vos passions cachées. Si vous êtes constamment attiré par des livres sur l'astronomie, peut-être y a-t-il là une passion latente pour l'espace et les étoiles.

Si vous aimez discuter de cuisine, peut-être est-ce un signe que vous devriez explorer davantage cet art.

L'important dans ce "speed dating" est de rester ouvert et curieux. Certaines passions peuvent vous surprendre par leur simplicité ou leur originalité. Ne les jugez pas. Accueillez-les comme des parties intégrantes de qui vous êtes. Chaque passion, aussi petite soit-elle, est un fil conducteur vers votre ikigai.

Enfin, n'oubliez pas de tenir compte de la résonance émotionnelle de ces activités. Vos passions devraient vous procurer de la joie, de l'énergie, et un sentiment d'accomplissement. Elles sont les pierres angulaires de votre ikigai, des éléments essentiels pour une vie épanouie et harmonieuse.

En identifiant vos passions, vous pourriez vous demander comment les transformer en talents, ou même en carrière. Est-il possible de tisser ensemble ces fils passionnés pour créer un tapis riche et coloré qui représente votre ikigai ?

Talents Cachés : La Chasse au Trésor Intérieure

Après avoir exploré vos passions dans un élan de découverte, il est temps de vous lancer dans une autre aventure passionnante : la chasse au trésor de vos talents cachés. Chaque personne possède un ensemble unique de compétences et de talents, souvent sous-exploités ou même inconnus. Découvrir ces trésors intérieurs est un élément clé de votre voyage vers l'ikigai.

Commencez par réfléchir à vos expériences passées, tant professionnelles que personnelles. Souvent, nos talents se manifestent de manière subtile. Peut-être avez-vous un don pour organiser des événements, une facilité à résoudre des problèmes complexes, ou une capacité naturelle à inspirer et motiver les autres. Ces talents peuvent ne pas être évidents au premier abord, mais avec un peu d'introspection, ils commencent à briller.

N'hésitez pas à demander l'avis de vos amis, de votre famille ou de vos collègues. Parfois, les autres voient en nous des compétences que nous ne reconnaissons pas nous-mêmes. Leurs perspectives peuvent être une source précieuse d'insights et d'encouragement. C'est comme avoir un miroir qui reflète non seulement votre image, mais aussi votre potentiel intérieur.

Ensuite, examinez les activités dans lesquelles vous excellez naturellement, même celles que vous considérez comme des hobbies ou des passe-temps. Ces compétences, que vous pratiquez peut-être depuis l'enfance, peuvent être des indices importants. Comme un détective à la recherche d'indices, rassemblez ces pièces pour créer un tableau plus complet de vos talents.

Il est également important d'expérimenter et de sortir de votre zone de confort. Parfois, nous découvrons nos talents cachés en nous aventurant dans des domaines inexplorés. Cela peut être aussi simple que de s'inscrire à un cours en ligne, de rejoindre un club local, ou même de se lancer dans un projet personnel.

La découverte de vos talents est un processus dynamique et évolutif. Ce que vous considériez comme un simple hobby peut se transformer en une compétence précieuse et recherchée. L'important est de rester ouvert et réceptif aux possibilités qui s'offrent à vous.

Enfin, rappelez-vous que la découverte de vos talents est une quête personnelle et intime. C'est une occasion de vous connecter plus profondément avec vous-même et de reconnaître vos dons uniques. Chaque talent découvert est une pièce précieuse du puzzle de votre ikigai.

En découvrant ces talents cachés, comment pourriez-vous les intégrer dans votre vie quotidienne ou professionnelle ? Y a-t-il des façons créatives de combiner vos passions avec vos compétences pour créer un chemin vers un ikigai personnel et authentique ?

Passion + Travail = Ikigai ou Comment Arrêter de Travailler

Lorsque passion et travail se rencontrent, l'ikigai prend vie. Cette fusion crée une expérience où "travailler" devient une extension naturelle de "être". Cela peut sembler idéaliste, mais atteindre cet état d'harmonie entre ce que vous aimez faire et votre profession est au cœur de l'ikigai.

La première étape consiste à identifier ce que vous aimez vraiment, sans vous laisser influencer par les attentes extérieures ou les normes sociétales. Cela demande de l'honnêteté envers soi-même et une introspection profonde. Qu'est-ce qui vous passionne au point de vous faire oublier le monde autour de vous ? Ces moments où vous êtes complètement absorbé par une activité sont des indices précieux.

Une fois ces passions identifiées, l'étape suivante est de réfléchir à la manière dont elles peuvent se transformer en une carrière viable. Cela ne signifie pas nécessairement un changement radical d'emploi. Parfois, il s'agit simplement d'intégrer des éléments de votre passion dans votre travail actuel ou de trouver des façons créatives de faire converger vos intérêts et votre profession.

Par exemple, si vous êtes passionné par l'écriture, envisagez de commencer un blog ou de contribuer à des publications en ligne tout en conservant votre emploi actuel. Si l'art est votre passion, pensez à des moyens de l'intégrer dans votre environnement de travail, comme proposer de refaire la décoration des bureaux ou de créer des présentations visuellement captivantes.

La clé est de trouver un équilibre entre ce qui vous passionne et ce qui est demandé sur le marché. Cette intersection est l'essence même de l'ikigai : faire quelque chose que vous aimez, qui vous est facile, et pour lequel vous pouvez être rémunéré. Cela demande parfois du courage et de la résilience, car il peut s'agir d'un chemin moins conventionnel.

Il est également important de reconnaître que l'ikigai n'est pas un état permanent. Vos passions et opportunités professionnelles peuvent évoluer. Restez flexible et ouvert aux changements, tout en restant fidèle à ce qui vous rend véritablement heureux et satisfait.

En fin de compte, atteindre cet ikigai professionnel ne signifie pas que vous n'aurez plus jamais à travailler dur ou à faire face à des défis. Cependant, même dans les moments difficiles, le sentiment d'accomplissement et de joie qui découle de l'alignement de votre passion avec votre travail vous donnera la force et la motivation de continuer.

Pensez-vous qu'il est possible de remodeler votre vie professionnelle actuelle pour l'aligner plus étroitement avec vos passions ? Comment pourriez-vous commencer à faire ces petits ajustements qui pourraient vous rapprocher de votre ikigai ?

Les Montagnes Russes de la Découverte de Soi

L'exploration de l'ikigai est souvent comparable à un voyage sur des montagnes russes, rempli de hauts exaltants et de bas introspectifs. C'est un processus de découverte de soi qui implique de naviguer à travers les complexités de vos passions, talents, et aspirations. Ce parcours peut être à la fois émouvant et déroutant, mais il est essentiel pour parvenir à une compréhension profonde de soi-même.

Chaque virage et chaque descente dans ce voyage représentent les différentes phases de l'auto-exploration. Il y a des moments d'euphorie, où tout semble s'aligner parfaitement, et vous avez l'impression de comprendre exactement qui vous êtes et ce que vous voulez faire. Ces moments sont précieux, car ils vous donnent un aperçu de votre ikigai potentiel.

Cependant, il y a aussi des moments de doute et d'incertitude. Vous pourriez vous retrouver à remettre en question vos choix ou à vous sentir perdu face à l'immensité des possibilités. Ces périodes de questionnement sont tout aussi importantes. Elles vous poussent à réfléchir plus profondément et à évaluer honnêtement vos motivations et vos désirs.

L'auto-réflexion est un élément clé de ce parcours. Cela implique de prendre du recul pour examiner vos expériences de vie, vos réactions et vos décisions. Qu'avez-vous appris de vos succès et de vos échecs ? Comment ces expériences ont-elles façonné vos perspectives et vos choix ? Cette introspection aide à clarifier vos objectifs et à aligner vos actions avec votre ikigai.

Il est également important de reconnaître et d'accepter que la découverte de soi est un processus continu. Vous évoluerez et grandirez avec le temps, tout comme vos passions et vos aspirations. Ce qui semble être votre ikigai aujourd'hui peut changer demain, et c'est tout à fait normal. La flexibilité et l'adaptabilité sont essentielles pour naviguer sur les montagnes russes de la découverte de soi.

Pendant ce voyage, n'oubliez pas de célébrer chaque petite victoire et de tirer des leçons de chaque défi. Chaque expérience, qu'elle soit positive ou négative, est une étape vers une compréhension plus profonde de vous-même et de votre place dans le monde.

Enfin, rappelez-vous que vous n'êtes pas seul dans ce voyage. Cherchez le soutien de vos proches, partagez vos expériences, et, si nécessaire, n'hésitez pas à demander l'aide d'un professionnel. Parfois, un regard extérieur peut vous offrir de nouvelles perspectives et vous aider à voir des choses que vous auriez pu manquer.

Alors que vous continuez sur ce chemin sinueux, comment pouvez-vous rester centré et fidèle à vous-même, même lorsque le parcours devient difficile ? Y a-t-il des pratiques ou des habitudes que vous pouvez adopter pour rester aligné avec votre ikigai tout au long de ce voyage ?

L'Ikigai pour les Nuls (et les Autres aussi !)

Aborder l'ikigai peut sembler intimidant au premier abord, surtout si l'on considère sa profondeur philosophique et culturelle. Cependant, comprendre et intégrer l'ikigai dans votre vie n'est pas réservé à une élite ou à ceux qui ont une connaissance approfondie de la culture japonaise. L'ikigai est accessible à tous, peu importe votre parcours ou votre niveau de connaissance. C'est une démarche universelle vers le bonheur et l'épanouissement personnel.

Pour débuter avec l'ikigai, la première étape consiste à simplifier le concept. Loin d'être une équation complexe ou une formule mystique, l'ikigai peut être vu comme la recherche de l'intersection entre quatre questions fondamentales : Qu'est-ce que j'aime ? En quoi suis-je bon ? De quoi le monde a-t-il besoin ? Pour quoi puis-je être payé ? La réponse à ces questions forme votre ikigai personnel.

Commencez petit. Vous n'avez pas besoin de réponses révolutionnaires ou de changements de vie drastiques pour commencer à explorer votre ikigai. Il s'agit plutôt d'une prise de conscience progressive et d'un ajustement continu de votre quotidien. Par exemple, si vous aimez écrire, consacrez quelques minutes chaque jour à cette passion. Cela ne doit pas forcément mener à une carrière d'écrivain, mais cela nourrit une partie essentielle de votre ikigai.

L'ikigai est aussi une question d'équilibre. Il ne s'agit pas de poursuivre aveuglément une passion au détriment de toutes les autres facettes de votre vie. L'ikigai encourage à trouver un équilibre entre ce qui vous passionne, vos compétences, vos besoins économiques et ce que le monde peut vous offrir. Cela peut signifier mener une carrière satisfaisante tout en s'adonnant à des hobbies qui vous passionnent.

Il est également important d'être patient et indulgent avec soi-même. La découverte de l'ikigai est un voyage, pas une destination. Vous pourriez ne pas trouver immédiatement toutes les réponses, et c'est normal. L'ikigai est un processus évolutif qui se déploie tout au long de la vie.

Enfin, n'oubliez pas que l'ikigai n'est pas une quête solitaire. Discuter avec des amis, des mentors, ou des collègues peut vous apporter de nouvelles perspectives et idées. L'échange d'expériences et de points de vue est souvent un catalyseur puissant pour clarifier et enrichir votre propre recherche de l'ikigai.

Alors que vous commencez cette aventure passionnante, pensez à comment vous pouvez intégrer de petits changements dans votre vie pour mieux aligner vos actions avec votre ikigai. Comment pouvez-vous, étape par étape, tisser les fils de ce qui vous passionne, de ce que vous faites bien, de ce dont le monde a besoin, et de ce qui peut vous soutenir financièrement ?

Chapitre 3

L'Ikigai : Votre Alarme Bonheur

Imaginez vous réveiller chaque matin avec un sentiment d'anticipation joyeuse, comme si chaque jour était une nouvelle aventure. C'est l'effet de l'ikigai, une sorte d'"alarme bonheur" interne qui vous motive et vous guide à travers vos journées. Lorsque vous vivez en alignement avec votre ikigai, chaque matin devient une opportunité de vivre pleinement, en harmonie avec vos passions, votre mission, votre vocation et votre profession.

Pour faire de l'ikigai votre alarme bonheur, commencez par établir des routines matinales qui nourrissent votre âme. Cela pourrait être aussi simple que de prendre quelques minutes pour méditer, écrire dans un journal, ou pratiquer une activité physique légère. Ces pratiques matinales peuvent vous aider à vous connecter avec vous-même et à clarifier votre esprit, vous préparant à aborder la journée avec une perspective positive.

Intégrer l'ikigai dans votre quotidien, c'est aussi apprendre à reconnaître et à apprécier les petits moments de bonheur. Cela peut être la satisfaction d'un travail bien fait, le plaisir de partager un repas avec des amis, ou même la tranquillité d'une promenade en solitaire. En prenant conscience de ces instants, vous renforcez votre connexion avec votre ikigai et avec ce qui donne vraiment du sens à votre vie.

Il est également crucial de se rappeler que l'ikigai n'est pas un objectif lointain ou un idéal inatteignable. Il s'agit plutôt d'un chemin de vie, une boussole intérieure qui vous guide vers des choix et des actions alignés avec vos valeurs profondes et vos aspirations. En vous concentrant sur le processus plutôt que sur la destination, vous trouverez de la joie et du contentement dans le voyage lui-même.

L'ikigai agit également comme un rappel puissant pour maintenir l'équilibre dans votre vie. Il vous encourage à trouver un juste milieu entre le travail et les loisirs, l'effort et la relaxation, le donner et le recevoir. Cet équilibre est essentiel pour maintenir un sentiment de bien-être et de satisfaction.

Enfin, rappelez-vous que l'ikigai est personnel et unique à chacun. Ce qui fonctionne pour une personne peut ne pas convenir à une autre. Prenez le temps d'expérimenter et de découvrir ce qui déclenche votre propre alarme bonheur. Soyez patient et doux avec vous-même dans ce processus, car chaque jour apporte sa propre série de découvertes et de joies.

En intégrant l'ikigai dans votre routine quotidienne, comment pourriez-vous personnaliser vos matins pour éveiller votre bonheur intérieur ? Quelles activités ou pratiques pourraient vous aider à commencer chaque journée avec un sentiment de but et de joie ?

Stress, Laisse Tomber, l'Ikigai Gère !

Dans un monde où le stress semble être une constante, l'ikigai offre une perspective rafraîchissante pour gérer et même réduire le stress dans notre vie quotidienne. L'approche ikigai au stress est moins axée sur l'évitement et plus sur l'alignement avec ce qui est vraiment important pour nous. En nous concentrant sur notre ikigai, nous pouvons aborder les situations stressantes avec une attitude plus calme et centrée.

L'une des façons dont l'ikigai aide à gérer le stress est en favorisant un sentiment de but. Quand vous avez une raison claire de vous lever chaque matin, les défis quotidiens deviennent des obstacles gérables plutôt que des sources de stress insurmontables. Votre ikigai agit comme une boussole qui vous guide, vous aidant à vous concentrer sur vos objectifs et à ne pas vous laisser submerger par les distractions ou les problèmes mineurs.

De plus, l'ikigai encourage l'équilibre entre le travail et la vie personnelle. Cette philosophie reconnaît l'importance de trouver du temps pour les activités qui nourrissent votre âme, que ce soit des loisirs, du temps passé avec des êtres chers, ou simplement des moments de repos et de détente. En intégrant ces aspects dans votre routine, vous créez des espaces de respiration qui peuvent réduire significativement le stress.

Une autre composante de l'ikigai dans la gestion du stress est la pratique de la pleine conscience. L'ikigai encourage à vivre le moment présent, à apprécier les petites choses et à trouver de la joie dans les actions quotidiennes. Cette pleine conscience peut transformer des tâches routinières en moments de calme et de concentration, aidant à réduire le sentiment d'être débordé.

La nature communautaire de l'ikigai joue également un rôle dans la gestion du stress. En construisant des relations significatives et en contribuant à la communauté, vous pouvez obtenir un soutien et une perspective qui allègent le fardeau du stress. Le sentiment d'appartenance et de connexion peut être un puissant antidote au stress et à l'isolement.

Enfin, l'ikigai n'est pas une solution rapide. C'est un chemin vers une compréhension plus profonde de ce qui vous motive et vous inspire. En poursuivant votre ikigai, vous apprenez à connaître vos limites, à reconnaître quand vous avez besoin de faire une pause, et à respecter votre bien-être global.

Alors, comment pouvez-vous appliquer l'ikigai pour mieux gérer le stress dans votre vie ? Pensez aux changements que vous pouvez apporter pour aligner davantage vos activités quotidiennes avec votre ikigai, créant ainsi un environnement moins stressant et plus enrichissant.

Gratitude : La Rébellion Positive

Dans le cadre de la philosophie de l'ikigai, la gratitude joue un rôle central, agissant comme une forme de "rébellion positive" contre les tendances négatives de notre esprit et de notre société. La pratique de la gratitude nous amène à apprécier ce que nous avons déjà, à reconnaître les petites joies et les succès de la vie, et à trouver du sens dans notre quotidien. C'est une puissante antidote à l'insatisfaction et au stress, cultivant un état d'esprit positif et équilibré.

Pour intégrer la gratitude dans votre quête de l'ikigai, commencez par créer des moments dédiés à la réflexion et à l'appréciation. Cela peut être aussi simple que de tenir un journal de gratitude, où chaque jour vous notez trois choses pour lesquelles vous êtes reconnaissant. Cet exercice simple mais puissant vous aide à focaliser sur les aspects positifs de votre vie, souvent négligés dans le tourbillon des obligations quotidiennes.

La gratitude dans l'ikigai implique également de reconnaître les contributions des autres à votre bonheur et à votre réussite. Cela peut renforcer les relations et créer un sentiment de connexion et de communauté, qui sont essentiels pour un ikigai équilibré. En exprimant votre gratitude aux personnes qui vous entourent, vous cultivez un environnement de positivité et d'encouragement mutuel.

En outre, la gratitude vous encourage à voir les défis et

les obstacles comme des opportunités d'apprentissage et de croissance. Au lieu de vous concentrer sur les aspects négatifs d'une situation difficile, essayez de trouver des aspects positifs ou des leçons à en tirer. Cette perspective peut transformer votre façon de vivre les épreuves, les rendant moins intimidantes et plus gérables.

Pratiquer la gratitude peut aussi amener une plus grande conscience et appréciation du moment présent. Au lieu de toujours aspirer à plus ou de se préoccuper du futur, la gratitude vous ancre dans l'ici et maintenant, vous permettant de profiter pleinement des expériences actuelles.

Enfin, la gratitude est une pratique qui s'améliore avec le temps. Plus vous l'intégrez dans votre vie, plus vous deviendrez sensible aux innombrables sources de gratitude qui vous entourent. Cela crée un cercle vertueux, où la gratitude alimente l'ikigai et vice versa, vous aidant à maintenir un état d'esprit positif et épanoui.

En vous engageant dans cette pratique de gratitude, réfléchissez à la manière dont vous pouvez l'étendre au-delà de votre propre expérience. Comment pouvez-vous encourager les autres à reconnaître et à célébrer les moments de gratitude dans leur vie, renforçant ainsi le tissu de soutien et de positivité autour de vous ?

Trouver la Joie dans une Tasse de Thé

L'ikigai, dans sa quête de bonheur et d'épanouissement, enseigne à trouver de la joie dans les petites choses de la vie, telles que le plaisir simple de déguster une tasse de thé. Cette approche met en lumière l'importance de s'arrêter et d'apprécier les moments présents, souvent négligés dans nos vies trépidantes. C'est dans ces petits instants de tranquillité et de plaisir que nous pouvons vraiment connecter avec notre ikigai.

Prendre le temps de savourer une tasse de thé peut être vu comme une métaphore de la manière dont nous devrions aborder notre vie. Cela implique de ralentir, de se concentrer sur l'instant présent et d'apprécier les sensations et les expériences qui se présentent à nous. Ce moment de calme peut servir de pause réfléchie dans nos routines chargées, nous donnant l'opportunité de nous recentrer et de nous rappeler ce qui est vraiment important.

Cette pratique peut également être étendue à d'autres aspects de notre vie. Que ce soit en appréciant la beauté d'un coucher de soleil, en écoutant attentivement un morceau de musique, ou en savourant un repas avec des amis, l'ikigai se trouve dans la capacité à être pleinement présent et à trouver de la joie dans l'expérience.

L'acte de boire une tasse de thé peut aussi devenir un rituel qui symbolise un temps pour soi, un moment pour se détendre et méditer. Dans la culture japonaise, la cérémonie du thé est une pratique qui incarne cette approche. Elle ne se limite pas à boire du thé, mais englobe l'art de préparer et de présenter le thé, créant une expérience globale qui engage tous les sens.

En outre, ces petits moments de joie et de plaisir peuvent avoir un impact significatif sur notre bien-être global. Ils nous aident à construire une perspective positive de la vie, à renforcer notre résilience face aux défis et à maintenir un état d'esprit équilibré.

Enfin, trouver la joie dans une tasse de thé est un rappel que l'ikigai ne nécessite pas de grandes réalisations ou de changements spectaculaires dans notre vie. Il s'agit plutôt de reconnaître et de valoriser la beauté et la satisfaction dans les petites choses, et de comprendre comment elles contribuent à notre bonheur global.

En réfléchissant à ces moments simples mais significatifs, comment pouvez-vous incorporer plus de ces expériences dans votre vie quotidienne ? Peut-être en commençant ou en terminant votre journée avec un rituel qui vous apporte de la joie et vous connecte à votre ikigai ?

L'Ikigai : L'Art de Danser Sous la Pluie

Dans la philosophie de l'ikigai, il y a une belle métaphore qui compare la vie à l'art de danser sous la pluie. Cela signifie apprendre à trouver de la joie et de la beauté, même dans les moments difficiles. L'ikigai nous enseigne que le bonheur ne dépend pas des circonstances extérieures, mais de notre capacité à apprécier et à tirer le meilleur de chaque situation.

Danser sous la pluie, dans le contexte de l'ikigai, implique d'abord d'accepter que la vie comporte des défis et des moments difficiles. Au lieu de chercher à éviter ou à nier ces moments, l'ikigai nous encourage à les affronter avec courage et résilience. Cette approche nous aide à développer une force intérieure et une flexibilité qui nous permettent de naviguer dans les tempêtes de la vie avec grâce et aisance.

Cela implique également de trouver des moyens créatifs pour transformer les défis en opportunités. Par exemple, une période difficile au travail peut être l'occasion de développer de nouvelles compétences ou de renforcer des relations. Une perte ou un échec peut devenir une source d'inspiration et de croissance personnelle. Danser sous la pluie, c'est voir au-delà des apparences et découvrir les possibilités cachées dans les moments difficiles.

L'ikigai nous enseigne aussi à apprécier le moment présent. Même lorsqu'il pleut, il y a des moments de beauté et de joie à saisir. Cela peut être quelque chose d'aussi simple que le réconfort d'une conversation avec un ami, la chaleur d'une tasse de café, ou la sérénité d'un moment de calme. Ces instants sont précieux et nous rappellent que le bonheur existe même dans les moments les plus sombres.

En outre, danser sous la pluie avec l'ikigai signifie maintenir une attitude positive et optimiste. Il s'agit de choisir de voir le verre à moitié plein plutôt qu'à moitié vide, de cultiver la gratitude et de se concentrer sur les aspects positifs de la vie. Cette attitude nous aide à rester ancrés et équilibrés, même lorsque les circonstances extérieures sont loin d'être idéales.

Enfin, l'ikigai dans l'art de danser sous la pluie, c'est reconnaître que nous ne sommes pas seuls. La communauté, la famille, les amis jouent un rôle essentiel dans notre capacité à surmonter les moments difficiles. Ils sont nos partenaires de danse sous la pluie, nous soutenant et nous enrichissant mutuellement.

Alors que vous continuez à explorer votre ikigai, réfléchissez à la manière dont vous pouvez danser sous la pluie de votre propre vie. Comment pouvez-vous embrasser les défis comme des occasions de croissance, trouver de la joie dans les moments difficiles, et rester connecté avec ceux qui vous soutiennent dans votre danse ?

Chapitre 4

L'Ikigai dit : "Fixe-toi des Étoiles, Pas des Limites !"

L'ikigai, dans son essence, encourage chacun à viser haut et à rêver grand. Cette philosophie nous rappelle que les limites sont souvent celles que nous nous imposons. En fixant nos yeux sur les étoiles, sur des objectifs élevés et significatifs, nous nous ouvrons à des possibilités infinies. L'ikigai n'est pas simplement une quête de bonheur quotidien, mais aussi une invitation à aspirer à quelque chose de plus grand, quelque chose qui dépasse notre zone de confort et nous pousse à réaliser notre plein potentiel.

Pour intégrer cet aspect de l'ikigai dans votre vie, commencez par définir des objectifs qui vous inspirent vraiment. Ces objectifs ne doivent pas nécessairement être mesurés par des standards externes de succès, mais devraient plutôt résonner avec ce qui est profondément significatif pour vous. Pensez à ce que vous voulez vraiment accomplir dans votre vie, pas seulement en termes de carrière ou de réussite matérielle, mais aussi en termes de croissance personnelle, de relations, et de contributions à la société.

Ensuite, adoptez une mentalité de croissance. L'ikigai implique de croire en votre capacité à apprendre, à évoluer et à surmonter les obstacles. Cela signifie voir les échecs non pas comme des fins en soi, mais comme des étapes vers le succès. Chaque échec est une opportunité d'apprendre et de se rapprocher de vos étoiles.

Il est également important de trouver un équilibre entre la poursuite de ces grands objectifs et la prise en compte de votre bien-être. L'ikigai n'est pas synonyme de surmenage ou de négligence de soi. Au contraire, il s'agit de trouver la joie et la satisfaction dans le processus de poursuite de ces objectifs. Cela implique de prendre soin de soi, de s'entourer de personnes qui vous soutiennent et de célébrer les petites victoires en cours de route.

L'ikigai encourage également à être flexible et ouvert aux changements. Parfois, en poursuivant nos objectifs, nous découvrons de nouveaux chemins ou de nouvelles passions. Être prêt à s'adapter et à ajuster vos objectifs est une partie essentielle de la poursuite de votre ikigai.

Enfin, n'oubliez pas de partager vos aspirations et vos rêves avec les autres. Parfois, le soutien et l'inspiration viennent de notre communauté, de nos amis, et de nos familles. Ils peuvent offrir des perspectives, des encouragements et de l'aide qui peuvent être cruciaux dans la réalisation de vos objectifs.

En visant les étoiles, réfléchissez à la manière dont vous pouvez rester ancré dans votre ikigai tout en poursuivant vos grands rêves. Comment pouvez-vous équilibrer la poursuite de vos ambitions avec l'appréciation du voyage et le maintien de votre bien-être ?

Changement : Moins Effrayant que le Dernier Épisode de votre Série Préférée

Le changement, souvent perçu comme intimidant et inconfortable, est en fait une composante essentielle de l'ikigai. Lorsque nous abordons le changement avec la perspective de l'ikigai, il devient moins un monstre à craindre et plus une opportunité excitante pour la croissance et l'épanouissement personnel. L'ikigai nous aide à recontextualiser le changement, non pas comme la fin d'une ère, mais comme le début d'une nouvelle aventure passionnante, tout comme le suspense et l'excitation que procure le dénouement d'un épisode de notre série préférée.

Pour intégrer cette approche face au changement, il est crucial de reconnaître et d'accepter l'impermanence comme une caractéristique naturelle de la vie. Tout comme les saisons changent, nous devons évoluer et nous adapter. L'ikigai nous encourage à voir le changement comme une partie naturelle de notre voyage, un processus nécessaire pour découvrir et affiner davantage notre ikigai.

Adopter une mentalité de croissance est également essentiel. Face au changement, plutôt que de résister ou de craindre l'échec, envisagez chaque nouvelle situation comme une occasion d'apprendre et de vous développer. Chaque changement apporte son lot de défis, mais aussi de nouvelles perspectives et compétences à acquérir. Cette mentalité transforme l'anxiété liée au changement en curiosité et anticipation positive.

L'ikigai suggère également de trouver un soutien dans la communauté. Le changement peut sembler moins effrayant lorsque vous êtes entouré de personnes qui vous comprennent et vous soutiennent. Partager vos expériences et écouter celles des autres peut vous apporter confort et nouvelles idées pour naviguer dans les périodes de transition.

Il est aussi important de célébrer les petits succès en cours de route. Chaque petit pas dans la gestion du changement est une victoire qui doit être reconnue. Cela renforce la confiance en soi et l'élan pour continuer à avancer, même face à l'incertitude.

Enfin, restez fidèle à vos valeurs fondamentales. Bien que les circonstances puissent changer, vos valeurs et ce qui compte le plus pour vous peuvent servir de boussole constante. Lorsque vous prenez des décisions alignées avec ces valeurs, le chemin à travers le changement devient plus clair et plus significatif.

Alors que vous faites face à des changements dans votre vie, pensez à la manière dont vous pouvez utiliser ces expériences pour enrichir votre parcours vers l'ikigai. Comment pouvez-vous accueillir le changement non pas comme une fin, mais comme le début excitant d'un nouveau chapitre, plein de potentiel et de possibilités ?

L'Ikigai : Votre Coach Perso pour la Réussite

L'ikigai peut être envisagé comme un coach personnel, vous guidant vers la réalisation de vos objectifs et aspirations les plus profonds. Cette philosophie de vie ne se contente pas de vous aider à trouver ce qui vous rend heureux ; elle vous pousse également à atteindre votre plein potentiel. L'ikigai vous encourage à explorer vos passions, à développer vos talents, et à transformer vos rêves en réalité tangible.

Pour faire de l'ikigai votre coach personnel, il est essentiel de commencer par définir clairement vos objectifs. Quels sont vos rêves ? Quelles sont les réalisations qui vous rendraient profondément heureux et satisfait ? L'ikigai ne se limite pas aux réussites matérielles ou professionnelles ; il englobe toutes les facettes de la vie, y compris les relations personnelles, la santé, l'épanouissement créatif et la contribution à la société.

Une fois vos objectifs définis, l'ikigai vous aide à élaborer un plan pour les atteindre. Cela implique de trouver un équilibre entre ce que vous aimez faire, ce pour quoi vous êtes doué, ce dont le monde a besoin, et ce qui peut vous apporter une rémunération. En alignant ces éléments, vous créez un chemin vers le succès qui est non seulement réalisable, mais aussi profondément gratifiant.

L'ikigai vous encourage également à rester fidèle à vous-même. Il s'agit de reconnaître vos valeurs uniques et de les intégrer dans votre parcours vers le succès. Cela signifie choisir des chemins et des méthodes qui résonnent avec qui vous êtes vraiment, plutôt que de suivre aveuglément les tendances ou les attentes des autres.

De plus, l'ikigai agit comme un rappel constant de l'importance de la croissance et de l'apprentissage continus. Votre coach perso ikigai vous pousse à vous améliorer constamment, à acquérir de nouvelles compétences et à élargir vos horizons. Cette approche de la croissance constante est cruciale pour surmonter les obstacles et saisir de nouvelles opportunités.

En outre, l'ikigai vous aide à gérer les défis et les revers. Il vous rappelle que l'échec fait partie du processus de réussite. Chaque échec est une leçon et une occasion de croître. Avec l'ikigai comme guide, vous apprenez à voir les défis non pas comme des obstacles insurmontables, mais comme des marches vers le succès.

Enfin, l'ikigai encourage un équilibre sain entre travail et vie personnelle. Il vous rappelle l'importance de prendre soin de vous-même, de maintenir des relations saines et de vous accorder du temps pour les loisirs et la relaxation. Un esprit et un corps bien reposés et équilibrés sont essentiels pour atteindre vos objectifs de manière durable et satisfaisante.

En utilisant l'ikigai comme votre coach personnel pour la réussite, réfléchissez à la manière dont vous pouvez aligner davantage vos actions quotidiennes avec vos objectifs à long terme. Comment pouvez-vous utiliser votre ikigai pour rester motivé, surmonter les obstacles et vivre une vie pleinement réalisée et significative ?

La Tortue et l'Ikigai : Une Histoire de Persévérance

L'ikigai n'est pas seulement une quête de bonheur et d'accomplissement ; c'est aussi une leçon de persévérance. La tortue, dans sa lenteur et sa constance, est une métaphore parfaite pour illustrer comment l'ikigai fonctionne. Comme la tortue, avancer vers votre ikigai nécessite de la patience, de la détermination et une persévérance inébranlable.

La tortue symbolise l'importance de progresser lentement mais sûrement vers vos objectifs. Dans la culture de la gratification instantanée d'aujourd'hui, l'ikigai nous rappelle que les réalisations les plus gratifiantes sont souvent celles qui prennent du temps. Votre voyage vers la découverte de l'ikigai n'est pas une course ; c'est un marathon qui nécessite de la résilience et une vision à long terme.

Cette approche patiente et persévérante vous encourage à célébrer chaque petit pas en avant. Comme la tortue, chaque mouvement, aussi petit soit-il, vous rapproche de votre destination. Cela implique d'apprécier le processus autant que, sinon plus, que le résultat final. C'est dans ce processus que vous trouvez la croissance, l'apprentissage et la satisfaction véritable.

L'histoire de la tortue et de l'ikigai met également en lumière l'importance de la résilience face aux obstacles et aux défis. La carapace de la tortue lui sert de protection contre les éléments extérieurs. De même, en cultivant votre ikigai, vous développez une résilience intérieure qui vous aide à surmonter les difficultés et à rester concentré sur vos objectifs, même lorsque le chemin devient difficile.

De plus, cette métaphore nous enseigne l'humilité et la simplicité. La tortue, dans sa lenteur, nous rappelle que la simplicité est souvent la clé de la vraie satisfaction. L'ikigai n'est pas nécessairement trouvé dans de grandes réalisations ou des succès spectaculaires, mais souvent dans les plaisirs simples et les tâches quotidiennes qui donnent un sens à notre vie.

Enfin, la tortue et l'ikigai nous montrent l'importance de rester fidèle à notre rythme unique. Chacun a son propre chemin à parcourir, ses propres défis à relever et ses propres leçons à apprendre. Comme la tortue avance à son propre rythme, vous devez trouver le vôtre, sans vous comparer aux autres ou céder à la pression de la société.

En poursuivant votre propre ikigai, pensez à la manière dont vous pouvez adopter les qualités de la tortue. Comment pouvez-vous rester patient et persévérant, apprécier le parcours et construire votre résilience tout en avançant vers vos objectifs de vie ?

Célébrer le Succès : Ikigai Style !

Dans la philosophie de l'ikigai, célébrer le succès ne se limite pas à reconnaître les grandes réalisations. Il s'agit aussi d'apprécier les petites victoires et les progrès quotidiens. Cette approche du succès, à la manière de l'ikigai, favorise une satisfaction profonde et durable, reconnaissant que chaque étape, aussi petite soit-elle, est une partie essentielle du voyage.

Pour célébrer le succès à la manière de l'ikigai, il est important de reconnaître et de valoriser vos efforts et vos réalisations personnelles. Cela signifie prendre le temps de réfléchir à ce que vous avez accompli et de ressentir de la gratitude pour le chemin parcouru. Que ce soit finir un projet important, apprendre une nouvelle compétence, ou simplement maintenir un équilibre sain entre travail et vie personnelle, chaque réussite mérite d'être célébrée.

L'ikigai nous encourage également à partager nos succès avec les autres. Les célébrations partagées peuvent renforcer les liens communautaires et offrir une source d'inspiration et de soutien mutuel. Partager vos réussites avec des amis, des collègues ou des proches crée un sentiment d'appartenance et renforce le sentiment que nos réalisations contribuent à quelque chose de plus grand que nous-mêmes.

De plus, célébrer le succès à la manière de l'ikigai implique d'apprécier le parcours autant que la destination. Cela signifie reconnaître que les défis et les obstacles surmontés en cours de route sont aussi importants que l'objectif final atteint. Chaque erreur, chaque échec et chaque difficulté est une partie intégrante du succès global et mérite d'être reconnue et célébrée comme une étape de croissance et d'apprentissage.

Il est également essentiel d'adopter une perspective à long terme sur le succès. L'ikigai n'est pas une course vers une fin spécifique, mais plutôt un voyage continu d'auto-découverte et d'amélioration. Ainsi, chaque succès, qu'il soit grand ou petit, est un pas vers une meilleure compréhension de votre ikigai et un alignement plus profond avec vos valeurs et vos passions.

Enfin, l'ikigai nous enseigne à célébrer le succès en restant humble et ancré. Il s'agit de reconnaître que nos succès sont souvent le fruit d'un effort collectif et de la convergence de divers facteurs. Cela nous aide à rester modestes et reconnaissants, et à maintenir une perspective équilibrée sur nos réalisations.

En intégrant cette approche de l'ikigai dans votre vie, réfléchissez à la manière dont vous pouvez célébrer vos succès, grands et petits. Comment pouvez-vous utiliser ces moments de célébration pour renforcer votre motivation, partager votre joie avec les autres et rester fidèle à votre parcours de vie unique ?

Chapitre 5

Ikigai Fitness : le Sport, mais en Mieux

L'Ikigai Fitness n'est pas seulement une activité physique ; c'est une approche holistique du bien-être qui intègre l'esprit, le corps et l'âme. Inspirée par l'ikigai, cette forme de fitness va au-delà de l'entraînement physique traditionnel, visant à harmoniser les exercices avec vos passions, votre but dans la vie et votre quête de bonheur. L'idée est de transformer l'activité physique en une expérience plus enrichissante, qui nourrit non seulement le corps, mais aussi l'esprit et les émotions.

Pour intégrer l'Ikigai Fitness dans votre vie, commencez par choisir des activités physiques qui vous apportent de la joie et un sentiment d'accomplissement. Cela pourrait être quelque chose d'aussi énergique que le running ou aussi paisible que le yoga. L'important est de trouver une activité qui résonne avec vous, qui vous motive et qui s'aligne avec vos valeurs personnelles et vos objectifs de vie.

L'Ikigai Fitness met également l'accent sur l'écoute de votre corps et de vos besoins. Cela signifie adapter votre routine d'exercices en fonction de ce que votre corps vous dit, plutôt que de suivre aveuglément des programmes rigides ou des tendances populaires. C'est reconnaître quand pousser vos limites et quand prendre du temps pour la récupération et la relaxation.

En outre, cette approche encourage à intégrer la pleine conscience dans vos routines d'exercice. Cela peut impliquer de se concentrer sur votre respiration pendant un entraînement, d'être pleinement présent pendant chaque mouvement, ou de méditer sur vos intentions et objectifs avant de commencer votre séance. Cette pleine conscience augmente non seulement l'efficacité de l'exercice, mais favorise aussi un sentiment de paix et de satisfaction intérieure.

L'Ikigai Fitness est aussi une opportunité de connecter avec les autres. Que ce soit en rejoignant un groupe de course local, en participant à des cours de groupe, ou simplement en marchant avec un ami, l'exercice devient un moyen de renforcer les liens sociaux et de partager des expériences positives.

Enfin, cette pratique souligne l'importance de célébrer vos progrès et vos réalisations. Chaque petit pas vers une meilleure forme physique, chaque nouveau record personnel, est un reflet de votre engagement envers votre ikigai global. Célébrez ces moments, car ils sont les jalons de votre parcours vers une vie équilibrée et épanouie.

En adoptant l'Ikigai Fitness, pensez à la manière dont vous pouvez aligner vos activités physiques avec vos passions, vos valeurs et vos objectifs de vie. Comment pouvez-vous transformer votre routine d'exercice en une expérience plus riche et plus satisfaisante, non seulement pour votre corps, mais aussi pour votre esprit et votre âme ?

Relaxation, Méditation et Autres Vacances Mentales

Dans l'univers de l'Ikigai, la relaxation et la méditation ne sont pas de simples activités de détente, mais des vacances mentales essentielles pour le bien-être. Ces pratiques offrent une échappatoire au tumulte du quotidien et permettent une reconnexion profonde avec soi-même, un élément crucial dans la quête de l'Ikigai.

La relaxation, dans le contexte de l'Ikigai, est un art qui va au-delà de la simple absence d'activité. Il s'agit de créer un espace où l'esprit peut se libérer des contraintes et des préoccupations quotidiennes. Cela peut être réalisé par des pratiques telles que le yoga, la respiration profonde, ou simplement en s'adonnant à des activités qui vous apaisent, comme la lecture, l'écoute de musique ou le jardinage. Ces moments de tranquillité permettent de recentrer vos pensées et de renouveler votre énergie.

La méditation, quant à elle, est une invitation à plonger dans un état de pleine conscience. Il ne s'agit pas de vider l'esprit, mais plutôt de l'observer sans jugement. Pratiquer la méditation régulièrement favorise la clarté mentale, réduit le stress et améliore la concentration. Dans la quête de l'Ikigai, la méditation aide à découvrir ce qui est véritablement important pour vous, en éclaircissant vos passions, vos motivations et vos objectifs.

L'Ikigai recommande également d'intégrer des pratiques de pleine conscience dans les activités quotidiennes. Cela peut signifier être pleinement présent et engagé dans ce que vous faites, que ce soit en mangeant, en marchant, ou même en effectuant des tâches ménagères. Cette approche transforme des actions ordinaires en expériences enrichissantes, augmentant ainsi la qualité de chaque instant vécu.

En outre, ces "vacances mentales" sont essentielles pour maintenir un équilibre entre le travail et la vie personnelle. Elles fournissent le repos et la récupération nécessaires pour affronter les défis du quotidien avec une énergie renouvelée et une perspective fraîche.

Enfin, la relaxation et la méditation dans l'Ikigai ne sont pas des activités solitaires. Partager ces pratiques avec d'autres, que ce soit dans un cours de yoga ou un groupe de méditation, peut renforcer le sentiment de communauté et de connexion, enrichissant ainsi votre expérience de l'Ikigai.

En intégrant la relaxation et la méditation dans votre routine, réfléchissez à la manière dont ces pratiques peuvent vous aider à mieux vous connecter avec votre Ikigai. Comment ces "vacances mentales" peuvent-elles enrichir votre quête de bonheur et d'épanouissement personnel ?

L'Ikigai, Secret de la Jeunesse Éternelle

L'Ikigai, dans sa quête de bien-être et d'épanouissement, est souvent considéré comme le secret de la jeunesse éternelle. Cette philosophie ne se concentre pas seulement sur la longévité physique, mais aussi sur le maintien d'une vitalité et d'une passion jeunes d'esprit tout au long de la vie. L'Ikigai nous enseigne qu'en trouvant et en poursuivant ce qui donne un sens profond à notre existence, nous pouvons garder notre esprit et notre corps actifs et énergiques, peu importe notre âge.

Pour intégrer l'Ikigai dans votre quête de jeunesse, il est essentiel de cultiver une attitude de curiosité et d'apprentissage continu. Cela implique de toujours chercher à explorer de nouvelles idées, à acquérir de nouvelles compétences et à embrasser de nouvelles expériences. Cette curiosité perpétuelle nourrit l'esprit, maintient le cerveau actif et contribue à un sentiment de jeunesse.

L'Ikigai met également l'accent sur l'importance des relations sociales. Cultiver des amitiés solides, entretenir des liens familiaux et participer à des activités communautaires peuvent non seulement enrichir votre vie, mais aussi favoriser une longévité saine. Les interactions sociales régulières stimulent le bien-être émotionnel et mental, des facteurs clés pour maintenir une jeunesse intérieure.

En outre, l'Ikigai encourage un mode de vie actif et sain. Cela ne signifie pas nécessairement des entraînements intenses ou des régimes stricts, mais plutôt trouver des activités physiques qui vous plaisent et qui peuvent être intégrées naturellement dans votre routine quotidienne. Que ce soit par la marche, le jardinage, la danse ou le yoga, rester actif physiquement est crucial pour garder votre corps jeune et agile.

L'alimentation joue également un rôle important dans l'Ikigai. Inspiré par les habitudes alimentaires des centenaires d'Okinawa, où l'Ikigai est un concept clé, il s'agit de choisir des aliments qui nourrissent et revitalisent le corps. Une alimentation équilibrée, riche en fruits, légumes, grains entiers et protéines maigres, contribue à la santé et à la longévité.

Enfin, l'Ikigai implique de trouver un équilibre entre le travail et les loisirs. Il s'agit de prendre le temps de se détendre, de rire et de s'amuser. Le plaisir et la joie sont des élixirs de jeunesse, réduisant le stress et augmentant le bonheur global.

En intégrant l'Ikigai dans votre vie, réfléchissez à la façon dont vous pouvez non seulement vivre plus longtemps, mais vivre mieux. Comment pouvez-vous utiliser les principes de l'Ikigai pour maintenir une jeunesse d'esprit, un corps sain et un cœur joyeux, quel que soit votre âge ?

Le Yin et le Yang de Votre Ikigai

L'ikigai, dans sa quête d'équilibre et d'harmonie, peut être comparé au concept de Yin et Yang. Cette analogie souligne l'importance de trouver un équilibre entre les différents aspects de la vie pour atteindre un état de bien-être complet. Dans l'Ikigai, cet équilibre se manifeste dans la combinaison harmonieuse de travail, de loisirs, de relations sociales, et de temps pour soi.

Le Yin et le Yang de l'Ikigai représentent l'équilibre entre l'activité et la passivité, l'engagement social et la solitude, le travail et la détente. Aucun aspect ne devrait dominer l'autre ; plutôt, ils devraient se compléter pour former un tout harmonieux. Par exemple, un travail passionnant (Yang) est équilibré par des moments de détente et de réflexion personnelle (Yin).

Pour appliquer ce principe dans votre vie, commencez par évaluer comment vous répartissez votre temps et votre énergie entre les différentes activités. Est-ce que certaines zones dominent au détriment des autres ? L'objectif est de créer un rythme de vie où travail, loisirs, obligations sociales et temps personnel sont en équilibre.

La pratique de la pleine conscience peut aider à maintenir cet équilibre. Elle vous permet de reconnaître quand un aspect de votre vie prend le dessus et de faire des ajustements en conséquence. Par exemple, si vous constatez que vous travaillez excessivement, il pourrait être temps de prioriser des activités relaxantes ou des moments en famille.

L'équilibre Yin-Yang de l'Ikigai se reflète également dans la gestion des émotions. Le Yin représente l'acceptation et la compréhension des émotions, tandis que le Yang incarne l'action et la transformation de ces émotions en énergie constructive. Par exemple, utiliser la frustration comme moteur pour le changement positif plutôt que de la laisser dégénérer en colère destructrice.

L'Ikigai enseigne aussi l'importance de l'équilibre entre donner et recevoir. Dans les relations, cela signifie offrir soutien et compassion (Yin) tout en acceptant l'aide et l'amour des autres (Yang). Ce flux harmonieux renforce les liens et favorise un sentiment de communauté et de connexion.

Enfin, l'Ikigai encourage un équilibre entre la santé physique (Yang) et la santé mentale (Yin). Cela peut impliquer de combiner l'exercice physique régulier avec des pratiques de bien-être mental comme la méditation ou la gratitude.

En cultivant le Yin et le Yang de votre Ikigai, réfléchissez à la manière dont vous pouvez créer un équilibre plus harmonieux dans votre vie. Comment pouvez-vous équilibrer action et réflexion, donner et recevoir, travail et détente pour vivre une vie plus épanouie et satisfaisante ?

Trouver son Rythme : Ikigai et l'Art du Bien-être

L'art du bien-être dans la perspective de l'ikigai réside dans la capacité à trouver son propre rythme, celui qui harmonise parfaitement avec votre style de vie, vos aspirations et vos besoins personnels. L'ikigai ne prône pas un modèle unique pour tous, mais encourage plutôt chaque individu à découvrir et à embrasser son rythme unique de vie.

Pour trouver votre rythme dans le cadre de l'ikigai, il est essentiel de commencer par une introspection profonde. Qu'est-ce qui vous motive vraiment ? Quelles sont les activités qui vous donnent de l'énergie, et quelles sont celles qui vous épuisent ? L'auto-connaissance est la clé pour établir un rythme de vie qui soutient votre ikigai.

Une fois que vous avez une meilleure compréhension de vos moteurs internes, l'étape suivante consiste à structurer votre vie autour d'eux. Cela peut signifier ajuster votre emploi du temps pour inclure plus de temps pour les activités que vous aimez, ou apprendre à dire non aux engagements qui ne servent pas votre bien-être ou votre ikigai.

L'équilibre est un autre élément crucial dans la recherche de votre rythme. Cela implique de trouver le juste milieu entre travail et loisirs, activité et repos, socialisation et solitude. Un rythme de vie équilibré vous permet de vous épanouir dans tous les aspects de votre vie sans vous sentir débordé ou épuisé.

L'ikigai encourage également l'adaptabilité. Votre rythme idéal aujourd'hui peut ne pas être le même demain. La vie est en constante évolution, et votre ikigai et votre rythme de vie doivent évoluer avec elle. Soyez ouvert au changement et prêt à ajuster votre rythme en fonction des nouvelles circonstances ou des changements dans vos intérêts et vos priorités.

En outre, intégrer des pratiques de bien-être régulières, comme l'exercice, la méditation, ou le temps passé dans la nature, peut aider à maintenir un rythme de vie sain et à renforcer votre connexion avec votre ikigai. Ces pratiques vous aident à rester centré, équilibré et en phase avec vos besoins et vos objectifs.

Enfin, rappelez-vous que trouver votre rythme est un voyage en soi. Cela demande du temps, de la patience, et parfois même un peu d'expérimentation. Accordez-vous la gentillesse et la flexibilité nécessaires pour explorer différentes façons de vivre et trouvez le rythme qui résonne le mieux avec vous.

Alors que vous cherchez à intégrer l'ikigai dans votre vie, réfléchissez à la façon dont vous pouvez trouver et maintenir votre rythme unique. Comment pouvez-vous équilibrer les divers aspects de votre vie pour soutenir votre bien-être global et rester fidèle à votre ikigai personnel ?

Chapitre 6

L'Ikigai et les Amis : Plus On est de Fous, Plus On Rit

L'Ikigai, dans son essence, reconnaît l'importance cruciale des relations et des connexions humaines. Dans le cadre de "L'Ikigai et les Amis", cette philosophie japonaise souligne que le bonheur et l'épanouissement sont amplifiés lorsqu'ils sont partagés avec des amis. Les amis jouent un rôle vital non seulement pour notre bien-être émotionnel, mais aussi dans notre quête d'Ikigai.

Les amitiés enrichissent notre vie en nous offrant soutien, amour et joie. Elles nous apportent du réconfort dans les moments difficiles et multiplient notre bonheur dans les moments de célébration. Les amis sont les compagnons de voyage qui nous accompagnent dans notre quête de l'Ikigai, offrant des perspectives différentes, des encouragements et parfois même des défis nécessaires pour notre croissance personnelle.

Pour intégrer l'ikigai dans vos amitiés, il est essentiel de cultiver des relations authentiques et significatives. Cela signifie investir du temps et de l'énergie dans vos relations, être présent pour vos amis et les soutenir dans leurs propres quêtes d'Ikigai. De même, entourez-vous de personnes qui comprennent et soutiennent vos passions et vos aspirations.

L'Ikigai encourage également la diversité dans les amitiés. Se lier d'amitié avec des personnes de différents horizons et expériences de vie peut enrichir votre compréhension du monde et vous aider à découvrir de nouveaux aspects de votre propre Ikigai. Ces interactions diversifiées peuvent ouvrir la porte à de nouvelles expériences, connaissances et perspectives.

En outre, l'ikigai suggère que les amitiés doivent être nourries par des activités partagées qui renforcent les liens. Que ce soit en participant à des hobbies communs, en se lançant ensemble dans de nouvelles aventures, ou simplement en partageant des repas, ces expériences communes créent des souvenirs précieux et renforcent les relations.

Il est également important de reconnaître le rôle des amis dans notre résilience. Dans les moments où notre Ikigai est mis à l'épreuve, les amis peuvent offrir une perspective extérieure vitale, nous aider à voir la lumière au bout du tunnel et nous rappeler nos forces et nos capacités.

Enfin, l'Ikigai dans les amitiés implique aussi de savoir quand lâcher prise. Toutes les relations ne durent pas éternellement, et parfois, pour continuer à avancer sur notre chemin, il est nécessaire de laisser partir certaines amitiés. Cela fait partie de l'évolution naturelle de la vie et de notre propre parcours vers la découverte de l'Ikigai.

Alors que vous naviguez dans votre parcours d'Ikigai, réfléchissez à la manière dont vos amitiés influencent et enrichissent votre vie. Comment pouvez-vous cultiver des relations qui soutiennent et reflètent votre quête personnelle d'Ikigai ?

Trouver son Ikigai en Famille : Mission Possible

L'Ikigai, quand il s'agit de la famille, transcende la simple recherche personnelle pour s'intégrer dans le tissu des relations familiales. Trouver son Ikigai en famille n'est pas seulement une quête individuelle, mais un voyage collaboratif où chaque membre de la famille découvre et soutient les passions et aspirations des autres.

Dans le contexte familial, l'Ikigai prend une dimension supplémentaire. Il s'agit de trouver un équilibre entre vos propres besoins et désirs et ceux de votre famille. Cela implique de créer un environnement où chaque membre de la famille se sent encouragé à explorer et à développer ses propres intérêts, tout en contribuant au bien-être collectif.

Pour intégrer l'Ikigai dans la dynamique familiale, commencez par encourager le dialogue ouvert. Discutez de vos passions, de vos objectifs, et de ce qui donne du sens à votre vie. Encouragez également les autres membres de la famille à partager leurs propres aspirations. Cette communication ouverte crée une compréhension mutuelle et renforce les liens familiaux.

Il est également important de participer à des activités familiales qui reflètent les intérêts et les passions de chacun. Que ce soit des sorties en plein air, des projets de bricolage, ou des soirées de jeux, ces moments partagés permettent à chaque membre de la famille de se connecter avec son Ikigai tout en créant des souvenirs précieux.

La flexibilité et le compromis sont essentiels pour trouver son Ikigai en famille. Cela signifie parfois mettre de côté ses propres désirs pour soutenir un membre de la famille dans sa quête, ou trouver des moyens créatifs pour intégrer les passions de chacun dans la vie familiale.

En outre, l'éducation et l'exemple sont des outils puissants pour transmettre les valeurs de l'Ikigai aux enfants. En montrant par l'exemple comment équilibrer le travail, les loisirs, les passions et les responsabilités, vous enseignez aux enfants comment trouver leur propre Ikigai.

Enfin, célébrez les réussites et les étapes importantes de chaque membre de la famille. Qu'il s'agisse d'une promotion professionnelle, d'une performance scolaire, ou simplement d'un nouveau hobby, reconnaître et célébrer ces moments renforce le sentiment que chaque Ikigai familial est précieux et soutenu.

En réfléchissant à votre propre famille, considérez comment vous pouvez collaborer pour trouver et soutenir l'Ikigai de chacun. Comment pouvez-vous créer un environnement familial où chaque membre se sent valorisé et encouragé à poursuivre ses passions et à réaliser son potentiel ?

Ikigai au Travail : Qui a Dit que le Bureau était Ennuyeux ?

Intégrer l'Ikigai au travail transforme la perception traditionnelle du travail en une aventure enrichissante et significative. Plutôt que de le voir comme une corvée ou un simple moyen de subsistance, l'Ikigai nous invite à chercher un sens profond et une satisfaction dans notre vie professionnelle.

L'Ikigai au travail signifie trouver un métier ou une activité professionnelle qui correspond non seulement à vos compétences, mais aussi à vos passions et à vos valeurs. Il s'agit de découvrir un travail qui vous stimule, vous challenge, et vous apporte un sentiment d'accomplissement. Cette harmonie entre ce que vous aimez faire, ce pour quoi vous êtes doué, ce dont le monde a besoin, et ce pour quoi vous êtes rémunéré, est l'essence même de l'Ikigai professionnel.

Pour infuser l'Ikigai dans votre vie professionnelle, commencez par une auto-évaluation. Identifiez ce qui vous passionne vraiment et explorez comment ces passions peuvent se transformer en opportunités professionnelles. Cela peut nécessiter une réorientation de carrière, ou simplement un changement de perspective dans votre travail actuel.

L'importance de l'apprentissage continu est également cruciale dans l'Ikigai au travail. Se former constamment, développer de nouvelles compétences et rester ouvert aux nouvelles idées et opportunités peut revitaliser votre vie professionnelle et vous aider à rester aligné avec votre Ikigai.

La collaboration et le mentorat sont d'autres aspects importants. Travailler en équipe, partager des idées et apprendre des autres peut enrichir votre expérience professionnelle. En outre, être mentor ou mentorer quelqu'un d'autre peut être une source d'inspiration et de croissance mutuelle.

Il est aussi essentiel de trouver un équilibre entre le travail et les autres aspects de la vie. L'Ikigai au travail ne signifie pas négliger la famille, les loisirs ou le temps personnel. Au contraire, il encourage une harmonie entre toutes les facettes de la vie, permettant un épanouissement global.

Enfin, l'Ikigai au travail ne se limite pas à des postes de haut niveau ou à des carrières prestigieuses. Il peut être trouvé dans tous les métiers, à condition qu'ils résonnent avec vos valeurs intérieures et contribuent à votre bien-être global.

En envisageant votre parcours professionnel, réfléchissez à la façon dont vous pouvez incorporer l'Ikigai dans votre travail. Quels changements pouvez-vous apporter pour rendre votre travail plus aligné avec vos passions, vos compétences, et ce qui apporte de la valeur au monde ?

Créer des Liens qui Comptent : l'Ikigai et le Réseau Social (le Vrai !)

Dans le voyage de l'Ikigai, les relations et les connexions authentiques jouent un rôle crucial. Il ne s'agit pas seulement de nouer des relations superficielles, mais de créer des liens significatifs qui enrichissent notre existence. Dans un monde où les réseaux sociaux en ligne prennent une place prépondérante, l'Ikigai nous rappelle l'importance du réseau social réel, celui des interactions humaines authentiques et profondes.

Construire un réseau social qui reflète l'Ikigai implique de tisser des relations avec des personnes qui partagent vos valeurs, vos passions, et vos aspirations. Ces liens ne se limitent pas à des contacts professionnels ou des connaissances occasionnelles; ils sont ancrés dans un partage mutuel et une compréhension profonde.

Pour développer un tel réseau, commencez par vous engager dans des communautés qui résonnent avec vos intérêts. Rejoignez des clubs, des groupes ou des organisations où vous pouvez rencontrer des personnes ayant des passions similaires. Ces environnements sont propices à la création de relations authentiques et durables.

La communication est la clé de la construction de relations significatives. Cela implique d'écouter activement, de partager vos pensées et vos sentiments honnêtement, et de montrer une véritable empathie. Dans un réseau social réel, la qualité des interactions est bien plus importante que leur quantité.

L'Ikigai dans les réseaux sociaux met également l'accent sur le soutien mutuel. Il s'agit d'aider les autres à atteindre leurs objectifs et de recevoir du soutien en retour. Ce type d'échange crée un sentiment de communauté et de connexion profonde.

S'impliquer dans des activités de bénévolat ou des causes qui vous tiennent à cœur peut aussi être un excellent moyen de construire un réseau social enrichissant. Ces activités vous connectent non seulement avec des personnes qui partagent vos valeurs, mais elles donnent également un sens plus profond à vos interactions.

N'oubliez pas non plus la valeur des relations anciennes. Parfois, renouer avec de vieux amis ou des connaissances peut ouvrir de nouvelles avenues dans votre parcours d'Ikigai. Ces relations, renforcées par le temps et les expériences partagées, peuvent offrir un soutien et une perspective uniques.

Enfin, rappelez-vous que créer des liens qui comptent prend du temps. La construction d'un réseau social riche et authentique est un processus qui se déroule sur le long terme. Soyez patient et constant dans vos efforts pour nouer des relations significatives.

En réfléchissant à votre propre réseau social, considérez comment vous pouvez approfondir vos relations existantes et en créer de nouvelles qui reflètent votre Ikigai. Comment pouvez-vous tisser des liens authentiques qui enrichissent non seulement votre vie mais aussi celle des autres ?

Entraide et Ikigai : Ensemble, C'est Mieux

L'entraide est un pilier fondamental de l'Ikigai, soulignant l'importance de la collaboration et du soutien mutuel dans la quête de l'épanouissement personnel et collectif. L'Ikigai, loin d'être une quête solitaire, se nourrit et s'épanouit à travers les interactions et les expériences partagées.

Dans "Entraide et Ikigai", le concept va au-delà de la simple assistance. Il s'agit d'une symbiose où chaque individu contribue au bien-être des autres, tout en trouvant son propre chemin vers l'Ikigai. Cette dynamique d'entraide crée une communauté solidaire, où les succès individuels sont célébrés comme des victoires collectives, et où les défis sont affrontés ensemble.

Pour intégrer l'entraide dans votre parcours d'Ikigai, commencez par adopter une mentalité de "donner sans attendre en retour". Offrez votre aide, partagez vos connaissances et vos compétences, et soyez disponible pour soutenir les autres dans leurs efforts. Vous découvrirez que, souvent, l'aide que vous apportez revient vers vous de manière inattendue.

Créer ou rejoindre des groupes d'entraide, qu'ils soient professionnels, créatifs ou personnels, est également un excellent moyen d'incorporer l'entraide dans votre Ikigai.

Ces groupes offrent un espace de partage, d'apprentissage et de soutien, où les membres peuvent se motiver mutuellement et partager des ressources et des idées.

Le mentorat est une autre facette importante de l'entraide. En tant que mentor, vous pouvez guider et inspirer quelqu'un d'autre dans sa quête d'Ikigai. En tant que mentoré, vous pouvez bénéficier de l'expérience et de la sagesse de quelqu'un qui a déjà parcouru un chemin similaire.

L'entraide implique également d'être ouvert à recevoir de l'aide. Reconnaître que l'on ne peut pas toujours tout faire seul est un signe de force. Accepter l'aide des autres vous permet de progresser plus efficacement dans votre voyage d'Ikigai et enrichit votre expérience grâce à la diversité des perspectives.

Enfin, l'entraide dans l'Ikigai est un échange continu. Il s'agit de construire des relations sur la base de la confiance, du respect et de la réciprocité. Cela crée un cercle vertueux où chacun est à la fois donneur et receveur, contribuant ainsi à un écosystème où l'Ikigai de chacun peut s'épanouir.

En regardant autour de vous, comment pouvez-vous renforcer l'esprit d'entraide dans votre communauté ? De quelle manière pouvez-vous à la fois contribuer à l'Ikigai des autres et permettre à votre propre Ikigai de s'épanouir grâce au soutien de votre entourage ?

Chapitre 7

Ikigai : Évolution Permanente, Ennui Interdit

L'Ikigai n'est pas une destination finale, mais un processus d'évolution constante. C'est un voyage dynamique de découverte de soi, adaptatif et en perpétuel changement. Cette évolution continue est l'essence même de l'Ikigai, car elle maintient la fraîcheur et l'excitation dans la quête de son but ultime.

L'évolution dans le contexte de l'Ikigai signifie embrasser le changement et rester ouvert aux nouvelles expériences et opportunités. Cela implique de reconnaître que vos passions et vos motivations peuvent évoluer avec le temps. Ce que vous trouviez épanouissant il y a dix ans pourrait être différent aujourd'hui, et c'est tout à fait normal.

Pour rester fidèle à votre Ikigai, il est essentiel de rester à l'écoute de vos sentiments intérieurs et de vos aspirations changeantes. Cela peut impliquer de revisiter régulièrement vos passions, vos talents, ce que le monde a besoin et ce pour quoi vous pouvez être payé, les quatre piliers de l'Ikigai.

L'évolution de l'Ikigai peut également signifier apprendre de nouvelles compétences, explorer de nouveaux hobbies, ou même changer de carrière. Cela requiert du courage, mais se rappeler que l'Ikigai est un processus fluide et adaptable peut vous donner la confiance nécessaire pour faire ces changements.

L'évolution permanente de l'Ikigai suggère aussi de maintenir un état d'esprit de croissance. Acceptez les défis comme des opportunités d'apprentissage et de développement. Chaque expérience, qu'elle soit positive ou négative, contribue à votre croissance personnelle et à l'élargissement de votre Ikigai.

Enfin, pour garder l'ennui à distance, cultivez la curiosité et l'émerveillement dans votre quotidien. L'Ikigai n'est pas juste une quête de sens, mais aussi une célébration de la vie dans toutes ses facettes. Cherchez la beauté dans les petites choses, saisissez les occasions de rire, d'aimer et de vivre pleinement.

Comment pouvez-vous intégrer cette évolution constante dans votre vie ? Quelles sont les nouvelles avenues que vous pourriez explorer pour enrichir votre Ikigai et garder l'enthousiasme et la passion vivants ?

Devenez l'Ambassadeur de l'Ikigai

Embrasser pleinement l'Ikigai vous positionne idéalement pour devenir un ambassadeur de cette philosophie de vie. En tant qu'ambassadeur de l'Ikigai, votre rôle est de partager cette approche enrichissante avec le monde autour de vous. Cela implique non seulement de vivre selon les principes de l'Ikigai, mais aussi de les diffuser activement.

Pour commencer, l'ambassadeur de l'Ikigai partage son expérience personnelle. Raconter comment l'Ikigai a influencé positivement votre vie est un moyen puissant de motiver les autres. Vous pourriez partager comment la découverte de votre Ikigai a transformé votre routine quotidienne, amélioré votre bien-être ou redonné du sens à votre carrière.

Ensuite, organiser des ateliers ou des groupes de discussion autour de l'Ikigai est un excellent moyen de propager ses valeurs. Ces espaces peuvent être informels, comme des groupes de discussion entre amis, ou plus structurés, comme des ateliers dans des contextes professionnels ou éducatifs. L'objectif est de créer des environnements où les gens peuvent explorer et développer leur propre Ikigai.

En tant qu'ambassadeur, il est également essentiel de pratiquer l'écoute active et l'empathie. L'Ikigai est profondément personnel et différent pour chaque individu. Il s'agit donc d'encourager les gens à trouver leur propre chemin, en respectant leur unicité.

Vous pouvez aussi utiliser les médias sociaux ou un blog pour partager des réflexions, des astuces et des histoires sur l'Ikigai. La création de contenu engageant et inspirant peut toucher un public plus large et diffuser l'Ikigai au-delà de votre cercle immédiat.

Enfin, soyez un exemple vivant de l'Ikigai. Incarnez l'équilibre entre passion, mission, vocation et profession. Montrez par l'exemple comment l'Ikigai peut mener à une vie équilibrée et épanouie.

En réfléchissant à votre propre parcours avec l'Ikigai, quelles expériences pourriez-vous partager pour inspirer les autres ? Quelles actions concrètes pourriez-vous entreprendre pour devenir un ambassadeur efficace de l'Ikigai ?

Ikigai Mentor : Transmettez le Flambeau

Devenir un mentor Ikigai signifie guider et inspirer d'autres personnes dans leur quête de trouver leur propre Ikigai. Cette démarche va au-delà du rôle d'ambassadeur ; elle implique une implication directe et personnalisée dans le parcours de vie d'autrui.

En tant que mentor Ikigai, la première étape est de cultiver une compréhension profonde de cette philosophie. Il ne s'agit pas seulement de connaître les principes de l'Ikigai, mais aussi de savoir comment ils s'appliquent dans divers contextes de vie. Un mentor efficace doit pouvoir adapter ses conseils aux situations individuelles.

Le rôle de mentor nécessite une écoute active et empathique. Chaque personne est unique, et son Ikigai l'est également. Il est crucial de comprendre les rêves, les défis et les circonstances de chaque individu pour offrir un accompagnement personnalisé. Le mentor aide à identifier les passions, les talents, les opportunités et les besoins des autres, tout en les encourageant à explorer de nouvelles voies.

Le mentorat en Ikigai se concentre aussi sur le développement de l'autonomie. L'objectif est d'amener les personnes à découvrir et à poursuivre leur propre Ikigai, et non de leur dicter quoi faire. Cela implique de poser des questions ouvertes, d'encourager la réflexion personnelle et de célébrer les petites victoires sur le chemin de la découverte de soi.

En outre, partager des ressources, des outils et des stratégies est une autre façon d'aider efficacement. Que ce soit des livres, des ateliers, ou des exercices de réflexion, ces ressources peuvent grandement aider les personnes à clarifier et à poursuivre leur Ikigai.

Enfin, être un mentor Ikigai signifie aussi être un modèle. Votre propre parcours avec l'Ikigai, y compris les défis surmontés et les leçons apprises, peut être une source d'inspiration puissante.

En tant que mentor potentiel, comment pouvez-vous utiliser vos expériences et connaissances pour guider les autres vers leur Ikigai ? Comment pouvez-vous personnaliser votre approche pour répondre aux besoins uniques de chaque individu ?

Communauté Ikigai : Bien Plus qu'un Club de Lecture

La création d'une communauté autour de l'Ikigai va au-delà d'un simple rassemblement d'individus partageant des intérêts communs. C'est la formation d'un espace dynamique où les idées, les expériences et les inspirations circulent librement, nourrissant ainsi l'épanouissement personnel et collectif.

Une communauté Ikigai se distingue par son approche holistique de la vie. Elle n'est pas seulement un lieu pour discuter de l'Ikigai, mais aussi un espace où l'on pratique et intègre les principes de l'Ikigai dans la vie quotidienne. C'est un lieu où les membres peuvent partager des histoires de réussite, se soutenir mutuellement dans les moments de doute et collaborer pour réaliser des projets qui reflètent leurs passions et leurs buts.

Organiser des ateliers, des conférences et des séminaires peut être une excellente manière de renforcer les liens au sein de cette communauté. Ces événements peuvent couvrir des sujets variés, allant des techniques de méditation et de pleine conscience à des ateliers de créativité, en passant par des discussions sur l'équilibre travail-vie personnelle. L'objectif est de fournir des outils et des connaissances qui aident les membres à naviguer dans leur propre voyage Ikigai.

La diversité est une autre clé d'une communauté Ikigai prospère. Accueillir des personnes de différents horizons, professions, et tranches d'âge enrichit les discussions et offre une variété plus large de perspectives et d'expériences. Cela crée un environnement d'apprentissage et de croissance mutuels, où chaque membre apporte quelque chose d'unique à la table.

Les activités de groupe, comme des projets communautaires ou des initiatives de bénévolat, renforcent également le sentiment d'appartenance et d'engagement. En travaillant ensemble pour un but commun, les membres peuvent expérimenter directement l'impact de l'Ikigai dans le monde réel.

Les technologies modernes, telles que les plateformes en ligne et les réseaux sociaux, peuvent jouer un rôle crucial dans la connexion et le maintien des membres de la communauté Ikigai. Cela permet une interaction continue, même lorsque les membres ne peuvent pas se rencontrer physiquement.

Comment envisagez-vous de contribuer à une telle communauté ? Quelles activités ou initiatives pourriez-vous suggérer pour enrichir l'expérience de chacun dans la poursuite de son Ikigai ?

L'Ikigai et son Impact sur le Monde : Soyez le Changement

L'impact de l'Ikigai sur le monde s'étend bien au-delà de la quête personnelle de sens et de bonheur. Lorsque l'on embrasse pleinement les principes de l'Ikigai, on commence à influencer positivement non seulement sa propre vie, mais aussi celle de son entourage et, par extension, le monde entier.

L'Ikigai encourage chacun à trouver sa place unique dans le monde, à contribuer de manière significative. Cela peut prendre la forme d'initiatives entrepreneuriales, de projets créatifs, ou même d'engagements sociaux et environnementaux. Lorsque vous alignez vos passions, vos talents, et ce dont le monde a besoin, vous créez un cercle vertueux d'inspiration et d'impact positif.

L'Ikigai agit comme un catalyseur de changement social. Les personnes guidées par leur Ikigai sont souvent plus empathiques, plus conscientes des problèmes mondiaux et désireuses de contribuer à des solutions durables. Cela peut se traduire par des actions telles que le bénévolat dans des organisations caritatives, le soutien à des causes environnementales, ou l'engagement dans des initiatives communautaires.

L'impact de l'Ikigai sur l'environnement professionnel est

également significatif. Les individus qui vivent leur Ikigai au travail tendent à promouvoir une culture d'entreprise plus positive, axée sur la collaboration, l'innovation, et le bien-être des employés. Ils deviennent des modèles pour leurs collègues, prouvant qu'il est possible de trouver du sens et de la satisfaction dans le travail.

Dans le domaine de l'éducation, l'Ikigai peut transformer la manière dont les jeunes abordent leur avenir. En intégrant les principes de l'Ikigai dans les programmes scolaires, les éducateurs peuvent aider les élèves à développer une compréhension plus profonde d'eux-mêmes et de leur rôle dans le monde. Cela prépare une nouvelle génération à poursuivre des carrières et des vies épanouissantes, alignées avec leurs valeurs et leurs passions.

Finalement, l'Ikigai a le potentiel d'inspirer un mouvement culturel global, où la poursuite du bonheur individuel se fait en harmonie avec le bien-être collectif. Imaginez un monde où chacun est engagé dans des activités qui non seulement le rendent heureux mais contribuent aussi à un bien commun.

De quelle manière envisagez-vous de mettre en œuvre votre Ikigai pour impacter positivement votre entourage et le monde ? Quelles actions concrètes pourriez-vous entreprendre pour faire de cette vision une réalité ?

Chapitre 8

Votre Ikigai, Votre Boussole pour l'Avenir

Votre Ikigai est bien plus qu'une simple quête de bonheur ou de sens. Il représente une boussole, un guide fiable pour naviguer dans le futur. Dans un monde en constante évolution, où les changements sont rapides et parfois déroutants, l'Ikigai offre une constante sur laquelle s'appuyer, un phare dans la tempête.

Considérez votre Ikigai comme un outil de navigation personnel pour l'avenir. Il vous aide à prendre des décisions alignées avec vos valeurs, vos passions, et vos compétences. Que ce soit dans la vie professionnelle ou personnelle, il oriente vos choix vers des chemins qui renforcent votre sentiment de plénitude et d'accomplissement.

L'Ikigai encourage également une perspective à long terme. Plutôt que de se concentrer sur le succès immédiat ou les gains à court terme, il incite à envisager l'avenir sous l'angle de la durabilité et de l'épanouissement personnel sur le long terme. Cette approche permet de construire une vie riche de sens, où chaque étape est un pas de plus vers une existence authentique et satisfaisante.

La flexibilité est un autre avantage de l'Ikigai comme boussole pour l'avenir. Votre Ikigai n'est pas figé; il évolue avec vous. Au fil du temps, vos passions, vos talents, et ce que le monde a besoin de vous peuvent changer. L'Ikigai vous accompagne dans cette évolution, vous permettant de vous adapter et de rester pertinent dans un monde en mutation.

Dans un monde où l'incertitude est la seule certitude, votre Ikigai vous offre un sentiment de sécurité et de confiance. Il vous rappelle que, quelles que soient les circonstances extérieures, vous avez en vous un noyau de stabilité, une source intarissable de motivation et de direction.

Comment envisagez-vous d'utiliser votre Ikigai comme boussole pour naviguer dans les incertitudes futures ? De quelle manière peut-il vous aider à rester centré et motivé face aux défis à venir ?

L'Ikigai en Mode Caméléon : Adaptation 101

Dans un monde en constante évolution, l'adaptabilité est la clé. L'Ikigai, en tant que concept, embrasse cette adaptabilité, agissant comme un caméléon dans nos vies. Il s'ajuste, change et évolue en fonction de nos expériences, de nos environnements changeants et de nos croissances personnelles. L'Ikigai n'est pas une destination statique, mais plutôt un voyage dynamique, se transformant avec nous à chaque étape.

Pensez à l'Ikigai comme à un organisme vivant, réagissant et s'adaptant à son environnement. Comme un caméléon change de couleur pour s'harmoniser avec son environnement, l'Ikigai se transforme pour s'aligner avec nos phases de vie changeantes. Cette adaptabilité nous permet de rester résilients face aux défis, d'être réceptifs aux nouvelles opportunités et de continuer à trouver de la joie et du sens dans ce que nous faisons.

L'Ikigai en tant que caméléon souligne l'importance de la flexibilité dans notre quête de but et de bonheur. Cela signifie rester ouvert aux changements de carrière, aux évolutions dans les relations personnelles et même aux transformations internes de nos passions et intérêts. Ce n'est pas tant ce que nous faisons, mais comment nous nous adaptons et grandissons à travers nos actions qui définissent notre Ikigai.

Cette adaptabilité nous encourage à être à l'écoute de nous-mêmes, à reconnaître quand un changement est nécessaire et à avoir le courage de faire ces changements. L'Ikigai n'est pas figé; il peut signifier quelque chose à un moment de notre vie et se transformer pour signifier quelque chose de complètement différent à un autre moment. Cette fluidité est ce qui rend l'Ikigai si puissant.

L'Ikigai en mode caméléon nous enseigne également que nous avons le pouvoir de redéfinir et de remodeler notre vie, à tout moment. Il nous rappelle que nous sommes les auteurs de notre propre histoire et que nous avons la capacité d'ajuster le scénario lorsque nécessaire. C'est une invitation à être proactifs dans notre quête de bonheur et de satisfaction, quelles que soient les circonstances extérieures.

Comment pouvez-vous embrasser cette adaptabilité dans votre propre vie? Êtes-vous prêt à ajuster votre Ikigai pour qu'il reflète votre évolution personnelle et professionnelle?

Penser Grand, Grâce à l'Ikigai

L'Ikigai nous invite à voir au-delà des horizons limités de notre quotidien pour embrasser une vision plus grande de la vie. Il nous encourage à oser rêver grand, à fixer des objectifs ambitieux et à poursuivre nos aspirations les plus élevées. Cette perspective ne se limite pas à nos réalisations personnelles; elle englobe également notre impact sur le monde qui nous entoure.

Penser grand avec l'Ikigai, c'est reconnaître que chacun de nous a le potentiel d'apporter un changement significatif. Que ce soit dans notre communauté, notre lieu de travail, ou même à une échelle globale, l'Ikigai nous rappelle que nos actions ont des répercussions. En alignant nos passions, talents, et ce que le monde a besoin, nous pouvons envisager des contributions qui dépassent largement le cadre de notre propre existence.

Cet aspect de l'Ikigai s'apparente à la mise en œuvre d'une vision globale, où l'ambition personnelle rencontre l'altruisme. Il ne s'agit pas seulement de trouver un équilibre entre ce qui nous rend heureux et ce qui est viable économiquement, mais aussi de considérer ce qui est bénéfique pour la société. Cette vision élargie peut se manifester de diverses manières : créer une entreprise innovante, s'engager dans des causes sociales, développer des compétences qui peuvent résoudre des problèmes majeurs, ou simplement influencer positivement les personnes autour de nous.

En pensant grand, l'Ikigai nous challenge aussi à sortir de notre zone de confort. Il nous incite à prendre des risques calculés, à explorer de nouvelles opportunités et à apprendre continuellement. C'est un appel à l'action pour ne pas se contenter du statu quo, mais plutôt à aspirer à un niveau supérieur d'accomplissement et de satisfaction.

Enfin, penser grand avec l'Ikigai c'est aussi être conscient des limites de nos ressources - temps, énergie, attention - et les utiliser judicieusement. Cela implique de prioriser nos actions et de se concentrer sur ce qui a vraiment de l'importance, en harmonie avec notre but ultime.

Alors, comment envisagez-vous d'élargir votre vision et de penser plus grand avec votre Ikigai? Quels grands rêves ou objectifs souhaitez-vous poursuivre, et comment l'Ikigai peut-il vous aider à les réaliser?

L'Ikigai : Héritage et Légende Personnelle

L'Ikigai n'est pas seulement une quête personnelle, c'est aussi un héritage culturel riche, un concept profondément ancré dans la philosophie japonaise. Cet héritage nous rappelle que la recherche de notre raison d'être n'est pas une idée nouvelle, mais un chemin parcouru par de nombreuses générations avant nous. L'Ikigai est une tradition de vie, une sagesse transmise qui nous guide vers la découverte et la réalisation de notre potentiel unique.

L'aspect de légende personnelle dans l'Ikigai souligne l'importance de forger notre propre histoire. Chaque personne possède une narration unique, un récit de vie qui se tisse au fil des expériences, des choix, des succès et des échecs. L'Ikigai nous encourage à prendre la plume et à être les auteurs conscients de notre propre histoire. En suivant notre Ikigai, nous écrivons des chapitres qui reflètent non seulement nos aspirations et nos rêves mais aussi nos valeurs et notre héritage.

Le concept d'Ikigai nous incite à réfléchir sur la marque que nous laisserons dans ce monde. Quel héritage souhaitons-nous léguer? Comment nos actions d'aujourd'hui influenceront-elles les générations futures? L'Ikigai nous amène à penser à notre impact à long terme, à la façon dont notre légende personnelle s'inscrira dans la grande histoire de l'humanité.

En fin de compte, l'Ikigai est un voyage vers la découverte de soi, un processus continu d'alignement entre nos actions et nos valeurs profondes. Il s'agit de trouver un équilibre entre l'acceptation de notre héritage et la création de notre propre légende. C'est une quête qui nous rend non seulement pleinement vivants, mais qui nous permet également de laisser une empreinte indélébile sur le monde.

Alors, quelle est votre légende personnelle et comment votre Ikigai vous aide-t-il à la façonner? Quel héritage souhaitez-vous créer et comment pouvez-vous utiliser votre Ikigai pour y parvenir?

L'Ikigai, Votre Compagnon de Route pour l'Infini et Au-delà

L'Ikigai, loin d'être un simple concept ou une mode passagère, se révèle être un compagnon de route fidèle et éternel dans la quête d'une vie épanouie et significative. Ce guide spirituel et philosophique, issu de la sagesse japonaise, nous accompagne dans chaque étape de notre existence, offrant direction, réconfort et inspiration.

Imaginez l'Ikigai comme un phare dans la nuit, un guide lumineux qui éclaire nos décisions, grands choix de vie et petits moments quotidiens. Il représente cette voix intérieure qui nous murmure de poursuivre ce qui nous passionne, ce qui donne du sens à notre vie, ce qui nous challenge et ce qui apporte de la valeur au monde. C'est un voyage sans fin, une exploration continue de ce qui fait battre notre cœur, de ce qui éveille notre curiosité et de ce qui nourrit notre âme.

En tant que compagnon de route, l'Ikigai est dynamique, évoluant avec nous au fur et à mesure que nous grandissons et changeons. Il s'adapte à nos différentes phases de vie, que nous soyons jeunes explorateurs de la vie, professionnels établis, parents, ou dans nos années dorées. L'Ikigai ne se limite pas à une seule phase ou aspect de la vie; il s'entrelace dans tous ses aspects - carrière, relations, passions, et aspirations personnelles.

Ce voyage vers l'infini avec l'Ikigai nous permet de vivre pleinement chaque instant, en reconnaissant la beauté et la valeur dans les petites choses comme dans les grandes réalisations. Il nous enseigne l'art de vivre en harmonie avec nous-mêmes et avec le monde qui nous entoure, en cherchant un équilibre entre donner et recevoir, entre action et réflexion, entre ambition et gratitude.

L'Ikigai est plus qu'un concept; c'est une façon de vivre, une carte pour naviguer dans l'aventure de la vie. Il nous rappelle que notre parcours est unique et que nous avons chacun quelque chose de spécial et de précieux à offrir au monde.

En regardant en arrière sur votre propre voyage, comment l'Ikigai a-t-il façonné votre chemin jusqu'à présent? Quelles sont les nouvelles aventures qu'il pourrait encore vous révéler dans votre quête vers l'infini et au-delà?

Épilogue

Et voilà, chers lecteurs, notre voyage ensemble à la découverte de l'Ikigai touche à sa fin. Nous avons parcouru ensemble les chemins de la réflexion, de la découverte de soi, et de la transformation personnelle. Ce livre a été une carte, un guide dans l'exploration de ce concept japonais profond, mais surtout, il a été une invitation à regarder en soi et autour de soi pour trouver sa propre voie vers le bonheur et la plénitude.

L'Ikigai, comme vous l'avez découvert, n'est pas une destination finale mais un compagnon de route dans notre quête perpétuelle de sens et de satisfaction. Il est cet ami qui nous rappelle de chercher l'équilibre dans tous les aspects de notre vie, de poursuivre nos passions, de valoriser nos talents, et de contribuer positivement au monde qui nous entoure.

En refermant ce livre, vous ne clôturez pas un chapitre, mais vous ouvrez la porte à de nouvelles possibilités. Votre Ikigai est une boussole qui continuera à vous guider, même dans les moments de doute ou de confusion. Il est cette lumière intérieure qui brille plus fort lorsque vous alignez ce que vous aimez, ce en quoi vous excellez, ce dont le monde a besoin, et ce pour quoi vous pouvez être rémunéré.

Je vous invite à garder ce livre près de vous, comme un rappel constant de votre voyage intérieur. Revenez-y quand vous cherchez l'inspiration, quand vous avez besoin d'une petite pause pour réfléchir, ou simplement pour vous rappeler que votre Ikigai est toujours là, prêt à illuminer votre chemin.

Rappelez-vous : l'Ikigai n'est pas un secret lointain, mais une réalité vivante en chacun de nous. Il évolue, grandit, et se transforme au fur et à mesure que nous avançons dans la vie. Votre Ikigai d'aujourd'hui pourrait ne pas être le même que celui de demain, et c'est cela qui rend la vie si fascinante.

Merci de m'avoir accompagné dans cette aventure. Je vous souhaite un chemin épanouissant, enrichi par la découverte et l'embrassement de votre propre Ikigai. Que votre voyage soit long, joyeux et profondément significatif.

Avec toute ma gratitude,

Paul Brémond

Printed in France by Amazon
Brétigny-sur-Orge, FR

20844520R00058